EL DERECHO DE GRACIA ANTE LA JUSTICIA

EL DERECHO DE GRACIA ANTE LA JUSTICIA

Concepción Arenal

Indice

El derecho de gracia ante la justicia

Por Concepción Arenal

WRPUBAUTOR.COM

1

El derecho de gracia en principio

El derecho de gracia no puede ser, en el concepto de los que lo defienden, más que *una forma de la justicia*; es indudable que tantas personas equitativas de diferentes épocas y países no podían estar de acuerdo en sostenerle si no le creyeran justo. Por otra parte, en concepto de los que le atacan, no es más que una forma de la arbitrariedad, porque no se concibe que hombres eminentes por su ciencia y su virtud, de diversas naciones, se propusieran suprimirle si le consideraran propio para contribuir a la realización del derecho.

La cuestión es, y no puede ser otra, que ésta:

El derecho de gracia, ¿es justo? O, mejor planteada: La *gracia*, ¿puede ser un *derecho*?

En la práctica, como tal se considera y se realiza; en la teoría, se dividen los pareceres; y puesto que son varios, y muchos muy competentes, y que sobre todas las autoridades debe estar la de la razón, procuremos atender a ella solamente, prescindiendo de si los autores son muchos o pocos, afamados u obscuros, para reflexionar sobre las razones que alegan, y que pueden resumirse del modo siguiente:

1.º Testimonio de la historia.

2.º Esplendor y prestigio del poder supremo.

3.º La equidad de templar el rigor de leyes crueles.

4.º La necesidad o conveniencia de un poder que aprecie las circunstancias personales del reo, y, prescindiendo de la ley, atienda solamente a la justicia.

5.º La justicia de impedir la ejecución de una sentencia que, después de pronunciada, ha resultado ser injusta.

6.º La conveniencia, casi necesidad, de hacer gracia en ocasiones a los delincuentes políticos.

7.º La justicia de abreviar la condena de los penados que dan pruebas de arrepentimiento.

8.º La necesidad de armar a la sociedad de penas severas que intimiden a los criminales, pero que por medio del derecho de gracia no degeneran en crueles, porque sólo se aplican cuando es indispensable.

▽△

I. El testimonio de la Historia

No somos de los que pretenden destruir la Historia de una plumada, ni prescindir desu influencia, ni desatender sus lecciones; pero tampoco de los que están dispuestos a admitir los *hechos* como *argumentos*, ni a inferir su justicia de su antigüedad. Ya se sabe que todo lo que sucede tiene su motivo; pero, aun admitiendo que este motivo sea *razón de ser*, la *razón de ser* varía con el *modo de ser*, y cuando éste cambia, serán absurdas cosas que parecían razonables, e injustas muchas instituciones con que se creía auxiliar la justicia. La tortura, el juicio de Dios, el derecho de asilo, la venganza de la sangre, cosas son todas que han existido, como el derecho de gracia, y que han dejado todas de existir en los pueblos civilizados, donde va siendo cada vez más clara la idea de la justicia.

El derecho de gracia, en cierta manera, parece un anacronismo. ¿Por qué ha sobrevivido a las circunstancias a que debe su origen? Si no es justo, como esperamos demostrarlo, ¿por qué no ha desaparecido con otras injusticias que no están en armonía con el modo de ser de las sociedades actuales? ¿Por qué existe a la vez en los Estados Unidos de América, en Rusia y en el Japón?

Procedamos con orden. Procuremos investigar primero por qué se ha establecido, y después por qué se conserva.

Nos parece que el derecho de gracia debe su origen al falso concepto que se formaba de la justicia, a la crueldad con que ésta se ejercía, y al natural deseo del soberano de ejercer una prerrogativa grata, que le realzaba a sus propios ojos y a los ajenos, aumentando su poder y su prestigio.

La justicia era *venganza*, primero privada, la *venganza de la sangre,* después pública. Se comprende que, concibiendo la justicia como venganza, se concibiera como derecho el *perdón*; se comprende que, a través del error que apoyaba la crueldad, se abriera paso la conciencia, el sentimiento, que, sintiéndose justo, quisiera legitimarse y erigiera en ley la misericordia. Desde el momento en que los tribunales obraban en nombre de la *vindicta pública*, de las entrañas de la humanidad salía, como instintiva protesta, aquel impulso piadoso que los pueblos soberanos y los reyes absolutos erigían en derecho, y llamaban la más bella de sus prerrogativas. El pueblo reunido en asamblea o el monarca que sustraían un reo al rigor de las leyes, le *perdonaban*, le *salvaban*; desde el momento en que el crimen se considera como una ofensa personal y el castigo como una venganza, es bello, dulce y equitativo olvidar el agravio, evitar la crueldad, y en el conflicto producido por el error y el sentimiento, caer en contradicción y llamar gracia a la justicia.

Las formas crueles de ésta también debían ser un móvil para templar su crueldad, aunque fuera por excepción. Es muy frecuente que la justicia aparezca en forma de privilegio, que al principio utilizan sólo unos pocos, y luego va extendiéndose y generalizándose hasta llegar a todos. Las víctimas obscuras de la crueldad de las leyes caían sin ser notadas por el soberano; pero cuando alguna lograba hacerse notar y compadecer por una circunstancia cualquiera; cuando había algo en ella que la hacía considerar como *semejante*, entonces el corazón y la conciencia se congratulaban de hallar en el derecho de gracia un medio de evitar el doloroso conflicto sin alterar el orden establecido, y de armonizar la *crueldad* con la *santidad* de las leyes. Por regla general, creían que éstas eran buenas; lo creían al menos los que las hacían, que no solían ser aquellos a quienes habían de ser aplicadas, y para las excepciones se ponía en manos del poder supremo aquel tornillo, que se aflojaba o se apretaba, según parecía conveniente.

Este poder de perdonar, de salvar, había de ser muy preciado, contribuyendo a que lo fuese, ¡cosa rara! las buenas cualidades y los muchos defectos del que le ejercía. Primeramente, la natural compasión, que hacía tan dulce el volver la vida al condenado a muerte; cambiar en contento su congojosa agonía y la de todos los que le amaban, más terrible aún; decir a la que se llora viuda: ¡ya tienes esposo!; a los niños inocentes: ¡ya no sois huérfanos!; a la madre: ¡ya tienes hijo! Todo esto sale del alma, llega a ella, y es una cosa tan grata, tan dulce, que debe considerarse como justa, como santa. Y luego, ¡qué superioridad no supone en el que le ejerce, y cómo aumenta su poder y su prestigio!

El señor de la vida de los demás no debe ser un hombre como los otros. Su orgullo y su vanidad, lo mismo que su corazón, se lo dicen, y pueblo o rey, cuando por encima del fallo de las leyes, sin atenderlas ni consultar más que a sí mismo, dice a un hombre: sé libre o gime en cautiverio, vive o muere, se imagina ser algo sobrehumano y aproximarse a la Divinidad. Si es un individuo, le llamarán ungido del Señor, y *divino* a su derecho; si es multitud, dirán que *la voz del pueblo es la voz de Dios*. El amor de la humanidad y el amor propio, que tan pocas veces se armonizan, se unen para dar gran precio al derecho de perdonar; y benévolo y orgulloso el que le ejerce, no parece egoísta al reclamarle con empeño, apoyándose para conseguirlo en los buenos sentimientos de aquellos mismos que domina.

Así, pues, un equivocado concepto de la justicia, la crueldad de las leyes, el prestigio del soberano, debieron ser las principales causas que han dado origen al derecho de gracia.

Y hoy que se comprende mejor la justicia, que la legislación criminal se ha suavizado y que el poder de los soberanos se limita, ¿cómo subsiste el derecho de gracia?

Todo este progreso, aunque innegable, no es tan general ni ha profundizado tanto como imaginan los que le desean; porque ellos, y los libros que leen y los amigos con quienes tratan, van formando de la justicia una idea clara, imaginan que la luz ha penetrado donde realmente hay sombras u obscuridad profunda. Si la idolatría de los reyes va desapareciendo, todavía hay poderes absolutos y multitudes que los quieren así y derraman su sangre por sostenerlos. Todavía la justicia es *vindicta pública* para miles, para millones de hombres, pues más bien ha variado la clase de personas a quienes desean aplicarla que el modo de concebirla. En cuanto a la crueldad de las leyes, estamos muy lejos de poder decir con verdad que ha desaparecido. En nuestro concepto, la pena de muerte, que debió ser la más poderosa causa para establecer el derecho de gracia, es la principal razón para que se conserve. Con él, el legislador acalla sus escrúpulos, si los tiene;

la pena homicida no recaerá sino sobre un corto número de aquellos a quienes se impone; está en el Código, más bien que como una realidad, como una *amenaza*, y este tornillo, que se afloja o se aprieta, según conviene, dicen que lo concilia todo: la intimidación de los criminales y la humanidad de la ley, que, por medio del soberano, perdona a todos los que pueden ser perdonados sin peligro. Hoy, si se suprimiera el derecho de gracia, los legisladores más resueltos en favor de la pena de muerte creemos que vacilarían al establecerla, y la opinión pública pediría la reforma del Código penal y de las Ordenanzas militares desde el momento en que las sentencias capitales hubieran de ser indefectiblemente ejecutadas.

El testimonio de la Historia, que se invoca a favor del derecho de gracia, depone contra él, puesto que demuestra que se apoya en un falso concepto de la justicia. La justicia no se *perdona*, no se *concede*; se *aplica* cumpliendo un deber, y faltando a él se *niega*. Suprimiendo de la pena la idea de *venganza*, debe desaparecer la de *perdón*. La crueldad de las leyes, razón histórica, y todavía de historia contemporánea, explica el derecho de gracia, puede hacerlo considerar como un expediente, pero nunca como una parte racional de la administración de justicia. ¿Qué idea tiene de ella el legislador que no comprende su realización sin la *arbitrariedad*? Y que el derecho de gracia es, ha sido, será y tiene que ser arbitrariedad, lo dicen la razón y la experiencia. Así procuraremos demostrarlo en estos breves apuntes; pero ya que del testimonio de la Historia se trata, bueno será hacer constar que no se ha conocido nunca su uso sin su abuso, que éste se consideraba inherente a él por los mismos que le establecían, y que los monarcas absolutos, cuyos derechos no tenían límites, los establecían para éste; tan seguros estaban de la irresistible tendencia a extralimitarse. Cuando cierto rey señalaba un número dado como el máximum de los delincuentes que podría perdonar, hacía una cosa tan absurda como si de antemano estableciese el de los culpables que podrían condenarse. En un caso, se dice: ¿y los que, pasado ese número, merecieran pena? Y en el otro: ¿y los que fueren dignos de perdón? Pero aquí lo absurdo de la limitación pone en relieve que el derecho no es sino un error consecuencia de otros; un expediente; un uso cuyo abuso siempre se veía y siempre se procuraba, aunque en vano, evitar; un mal con que se quisieron enmendar otros mayores que, si en tiempos eran irremediables, hoy pueden y deben tener remedio.

▽△

II. El esplendor y prestigio del poder supremo

La justicia no puede sacrificarse a consideración ninguna, ni recortarse como oropel para adorno de los que no pueden brillar sino empañándola. El derecho de gracia, si no es justo, no puede ser derecho, ni nadie ejercerle para lograr así mayor importancia, la cual, sobre no ser equitativa, es ilusoria, porque todo poder injusto concluye por volverse contra el que la ejerce, en daño de su poder legítimo. ¿Gana mucho el prestigio del jefe del Estado firmando amnistías, indultos, conmutaciones y rebajas de penas sin circunspección ni reserva? ¿No se compromete su reputación de justo con el ejercicio de una prerrogativa que no puede (*que no puede*, comprendámoslo bien) ejercitar equitativamente? ¿Y qué dirán los pueblos cuando, en un país en que de hecho está abolida la pena de muerte como en Prusia, el monarca que durante años indulta a todos los homicidas y asesinos, aunque lo hayan sido con las circunstancias más horribles, deja que se cumpla la ley y que se ejecute al que disparó contra él sin herirle?

La más hermosa de las prerrogativas lleva consigo la más abrumadora de las responsabilidades y el más terrible de los desconsuelos. Es dulce perdonar. ¿Y la amargura de negar el perdón? ¿Y la angustia de decir no a los que piden la vida de los que aman? ¿Cómo no se estremece el hombre al considerar que en tal situación ha de verse? ¿Cómo no tiembla bajo un peso superior a sus fuerzas? Se acongoja la conciencia al considerar esos monarcas a quienes en un día solemne presentan unos papeles que significan otros tantos hombres condenados a muerte, y, poniendo la mano sobre un legajo, salvan a uno, y los demás van al patíbulo. No se comprende cómo no se afligen por los que morirán, más que se consuelan por el que han salvado, y cómo no renuncian al terrible privilegio, diciendo: «La justicia no puede ser una casual imposición de manos, ni una coincidencia fortuita; a esos reos, a todos los reos, que los mate Dios, y que los condene o los absuelva la ley.»

Pero sobre que es imposible que haya en los reyes algo sobrehumano que los ponga en estado de interpretar la justicia divina mejor que los demás hombres, resulta que de hecho en todas partes, y de derecho dondequiera que hay gobierno representativo, no son los reyes los que ejercen el derecho de gracia, sino los ministros. Entre nosotros, por ejemplo, el rey no puede realizar la más pequeña conmutación de pena si el decreto no está refrendado por el ministro de Gracia y Justicia, y en Consejo de ministros se *resuelve* el que ha de morir en el patíbulo o ser indultado. La fórmula es *aconsejar* a S. M. que *haga gracia* o la niegue, pero, en realidad, de este *consejo* depende la vida o la muerte de los hombres.

Además, como el monarca o jefe del Estado, por su misma elevada posición y otras circunstancias, es más difícil que sepa las del reo que se trata de perdonar, resulta con evidencia, y todo el mundo lo sabe, que la concesión o negativa del perdón depende de un ministro o de varios, y lo que se llama *regia prerrogativa* no es ni más ni menos que la facultad concedida a los ministros de anular los fallos de los tribunales y hacer cuanto crean conveniente en materia de justicia penal. Y con esta ficción, que a nadie alucina ya, ¿se pretende dar prestigio y esplendor al jefe del Estado? Nosotros no vemos más que una facultad ilusoria, por tal reconocida, y una responsabilidad real: la sombra de un poder imaginario que, en casos dados, puede servir para atribular el corazón y perturbar la conciencia.

▽△

III. La equidad de templar el rigor de leyes crueles

La injusticia de las leyes crueles no se evita sustrayendo a su acción algunos pocos privilegiados por medio del derecho de gracia, sino suprimiéndolas para todos. Puede ser una excepción plausible contra una regla vituperable, un expediente, un proceder humano y compasivo, pero no hay nada de jurídico en la facultad de anular en unos casos los fallos de los tribunales dados conforme a la ley, y dejar que se ejecuten en otros. Decir que la dureza de las penas, hace preciso el poder de aminorarlas arbitrariamente, es confesar la necesidad de modificar la legislación penal. Su *severidad* se alega como *razón* para la *gracia*. ¡Qué derecho, cuyo fundamento es una injusticia! Pero lejos de repararla o de aminorarla, la agrava, porque se presenta como un paliativo que permite su prolongación y sustrae a sus rigores, no al menos culpable, sino al más afortunado. Hay dos loterías nacionales a que se juega con monedas o con crímenes, logrando dinero o impunidad con el sorteo y el derecho de gracia.

¿Es justa la ley? Acatarla, aplicarla siempre y a todos. ¿Es injusta? Modificarla hasta que deje de serlo, para que pueda aplicarse sin excepción ni daño de los que quedan sometidos a la regla. En cada indulto que firma el ministro de Gracia y Justicia reconoce su injusticia, la de la ley o la de los jueces: esto es tan sencillo, tan claro, que admira que no aparezca evidente. El legislador que quiere *compensar* injusticias con arbitrariedades, las agrava, da lugar a una serio de atentados contra el derecho, y forma tal laberinto de inconsecuencias que, si bien las considerara, pronto comprendería la urgencia de cortar de raíz un mal que aumenta con los paliativos con que se pretende atenuar.

▽△

IV. Necesidad o conveniencia de un poder que aprecie las circunstancias personales del reo y, prescindiendo de la ley, atienda solamente a la justicia

Este motivo es la piedra angular del derecho de gracia, f undado principalmente en que quien le ejerce tiene, para realizar la justicia, medios de que carece el juez. Investiguemos si este motivo es una razón o un error, una ilusión o una realidad; porque, si fuese erróneo o ilusorio el fundamento, falta de equidad se hallaría la institución en él fundada.

El juez que examina la causa de un acusado juzga *al hombre* en general, y a *un hombre* en particular. Es un error suponer que todo es individual en el caso presente, y que, porque hay allí solamente una persona, no se trata más que de *un individuo*. El proceder de aquel individuo no puede ser apreciado sino en virtud de las leyes de la humanidad; por ellas se sabe que hay mal y bien, que conoció el mal que hizo y que pudo elegir el bien. Resulta que el fundamento del juicio está en el conocimiento de las leyes morales *del* hombre; que se trata de aplicarlas a *un* hombre; y aunque en la aplicación deben tenerse presentes las circunstancias particulares del individuo, no se ha de prescindir, ni es posible, de que pertenece a la humanidad y de que está sujeto a sus leyes morales como a las físicas.

Conocimiento del bien y del mal, poder de hacer lo uno u otro, tal es el fundamento de la responsabilidad moral, y de la legal, cuando se exige. Por las circunstancias del hecho, y por otras anteriores y posteriores a él, partiendo de las leyes generales de la humanidad, el juez ha de apreciar si el individuo acusado supo el mal que hizo y quiso hacerlo. Todas las diferencias individuales, todas las circunstancias atenuantes o agravantes dependen delconocimiento mayor o menor que tuvo del mal que hacía, y de su libertad más o menos completa. La falta ele conocimiento o de libertad pueden ser tales, que el agente del daño, inconsciente o perturbado, se considere para la responsabilidad como cosa más bien que como persona.

Entre la carencia absoluta de conocimiento y de libertad, y el conocimiento perfecto y libertad completa, hay muchos grados que al juez toca apreciar, y esta apreciación es una de las dificultades del fallo justo.

Ahora bien: el jefe del Estado, a quien se concede el derecho de gracia, ¿se halla en estado de conocer mejor que los jueces estas cuatro cosas esenciales para la administración de justicia?

1.ª Las leyes morales de la humanidad.

2.ª Las leyes penales vigentes.

3.ª El hecho que se trata de juzgar.

4.ª Las circunstancias especiales, personales, del culpable.

¿Es posible que de buena fe, ni con formalidad, responda nadie afirmativamente? ¿Es posible que nadie de buena fe, ni con formalidad, sostenga que el jefe del Estado sabe más filosofía moral, más filosofía del derecho, más legislación que los jurisconsultos y magistrados, y conoce mejor el hecho y el agente que los jueces que han visto y examinado de cerca las circunstancias de uno y otro? No es posible afirmar esto; y no siéndolo, no se puede sostener tampoco el derecho de gracia, a menos que no se pretenda que por divina inspiración penetra el rey o el presidente de la república en lo recóndito de la conciencia, lee en la del delincuente, y tiene, para saber la verdad y realizar la justicia, medios de que carecen los otros mortales. O un milagro permanente, o un absurdo constante: o el Espíritu Santo descendiendo sobre el jefe del Estado cada vez que se le pide gracia, o él haciéndola a costa de la justicia, puesto que anula los fallos de los que mejor que él pueden aplicarla.

Dicen los fisiólogos que el hábito embota la sensibilidad, y los psicólogos pueden afirmar también que el espectáculo constante de la injusticia obscurece la idea de lo justo. ¿Cómo, si no, se vería sin asombro o indignación escarnios de la justicia, como el de *pedir informes al tribunal sentenciador*, para indultar o no a un condenado? ¿Qué significa este hecho que se reproduce, y esta frase que se repite, al parecer mecánicamente, porque, de otro modo, apenas se concibe que sin calurosa reprobación se repitiera?

El pedir informes al tribunal sentenciador significa lo siguiente:

El jefe del Estado, que no podría ejercer equitativamente el derecho de gracia sin un *conocimiento superior* del hecho y de la persona de que se trata, *no tiene conocimiento ninguno*, y para saber algo pregunta a los que están en situación de conocer lo que ignora, y les dice: Yo lo puedo *todo*, pero no sé *nada*; tengo la *omnipotencia* y la *nihil sapientia* respecto a este asunto, vosotros que lo sabéis, decidme lo que hay respecto de él; informadme, y resolved el problema de que, habiendo vosotros fallado conforme a justicia, sin faltar a ella pueda yo anular vuestro fallo.

Esto es lo que dice el jefe del Estado al tribunal sentenciador. ¿Y cuál es la contestación? Puede ser de dos maneras, y lo es, en efecto. Si informa mal, hay lógica, los jueces dicen: «Hemos fallado en justicia, y sin faltar a ella no se puede revocar nuestro fallo»; si informa bien, y el caso se da tantas veces que casi parece la regla, el tribunal viene a decir: «Puede anularse nuestro fallo sin faltar a la justicia»; de donde resulta que no era conforme a ella.

Todo esto, por inverosímil que parezca, es verdad, y sería ridículo, si no fuera por sus tristísimas consecuencias.

Cuando un tribunal informa *bien* para el indulto, ¿no reconoce claramente que falló mal, o que su informe no es equitativo? No, se dice, porque el tribunal, cuando juzga, tiene que atenerse a *la ley*, y cuando *informa* considera la *justicia* sin sujetarse a ninguna prescripción legal. Aquí tenemos la ficción de un individuo con doble personalidad, la del hombre y la del juez, y el hecho de juzgar *conforme a la ley y contra conciencia*.

No, mil veces no; el hombre y el juez no son dos personas; no hay más que una con un solo entendimiento, con una sola voluntad, con una sola conciencia, y si contra ella condena para atenerse al texto de la ley, falta a la de Dios, sépalo o no, y debía saberlo. El fallo que se da contra conciencia por atenerse a la letra del Código no es un hecho jurídico, ni siquiera un caso de fuerza mayor, porque no debe haber ninguna que obligue a condenar al mismo que se considera acreedor a indulto. En la mayor parte de los Códigos modernos, si la libertad dejada al juez no es siempre toda la que sería de desear, en la inmensa mayoría de los casos es la suficiente para que no pueda alegarse con razón *la letra* de la ley contra el testimonio de la conciencia. Es raro que las circunstancias atenuantes no puedan utilizarse de modo que se eviten rigores que se crean excesivos, y, en todo caso, cuando un juez se ve en el conflicto de faltar a la ley o a su conciencia, de condenar al que, si fuese rey, indultaría, que absuelva o deje el puesto, porque la primera cosa que tiene que hacer un juzgador equitativo es examinar si son justas las leyes que aplica; si no se lo parecen, debe dejar que las aplique otro a quien se lo parezcan.

Se ve, pues, que si los tribunales informan bien respecto al indulto de los que han condenado, el informe o el fallo es contra justicia. Y no obstante este contrasentido y este desafuero, cuando se obra conforme a él, es el caso más favorable para el ejercicio del derecho de gracia, que a veces prescinde del tribunal para conceder el indulto o contra su informe le concede.

En todas las gracias concedidas en masa, como amnistías o indultos generales, para consolidar situaciones políticas o celebrar faustos sucesos, se prescinde absolutamente de circunstancias individuales; tampoco se saben en la inmensa mayoría de los demás casos; de modo que un derecho qne alega el poder de realizar mejor la justicia prescindiendo de la ley por el mayor conocimiento del individuo a quien con rigor inflexible se aplicó, alega lo que no es cierto, porque el jefe del Estado ignora absolutamente, la mayor parte de las veces las circunstancias del individuo agraciado, y si sabe alguna cosa, es porque se lo ha dicho el tribunal cuyo fallo anula. No hemos visto demostración matemática que nos parezca más clara que el absurdo de todo esto.

Si el juez, por atenerse a la letra de la ley, falla contra conciencia, el remedio de este gravísimo mal no está en dar al jefe del Estado un poder de que usa ciegamente, porque no tiene, porque no es posible que tenga medios de conocer las circunstancias individuales, sino en que éstas sean apreciadas por quien debe tenerlas en cuenta al dar el fallo, es decir, por el juez.

▽△

V. La justicia de impedirla ejecución de una sentencia que, después de pronunciada, ha resultado ser injusta

Según las leyes de Moisés, que tomó muchas medidas para que se juzgara conforme a ellas, el condenado a pena capital, y próximo ya a sufrirla, era vuelto a la prisión y revisada su causa, siempre que hubiese *una persona* que se ofreciera a probar su inocencia, y esto parece que podía repetirse hasta cinco veces. Y nosotros, pueblos cristianos, con una religión más amorosa, con costumbres más suaves, con ciencia más profunda, con leyes más justas, ¿no nos apresuraremos a suspender la ejecución de todo fallo que se sospeche ser errado, y necesitaremos de gracia para hacer justicia? Cuando no se juzgó conforme a ella, *la autoridad de la cosa juzgada* es vana, es atentatoria al verdadero derecho, y no hay que inventar ninguno para anularla, sino aplicar la sencilla regla de moral de enmendar el mal causado tan pronto como se reconoce que se ha hecho. La autoridad de la cosa juzgada, en tanto se ha de respetar en cuanto sea respetable; en tanto ha de ser firme, en cuanto sea justa; y cuando quiera que se reconozca que no lo es, se ha de tener por nula y de ningún valor, no en virtud de la ciega arbitrariedad del jefe del Estado, sino conforme a reglas fijas que constituyan verdadero derecho.

Cuando quiera que se tengan pruebas de que una sentencia fue injusta, debe anularse, y siempre ha de poder discutirse. ¿Se teme que el prestigio de los tribunales padezca porque se discutan sus fallos, y no porque los anula el poder supremo, que es tanto como declararlos injustos? El prestigio de los tribunales no puede consolidarse sino con su justicia, ni menguar si no faltan a ella. Que la discusión sea digna, templada; que se le impongan ciertas condiciones para que no se arroje como pasto a las pasiones políticas o a los delirios sociales, está bien; pero que pretendan los fueros de la infalibilidad los que pueden errar, y que haya de sar sagrado nada que no es santo, está mal. No es aprobación, ni respeto, ni prestigio el silencio que debla romperse para demostrar errores que en mal hora son tenidos por verdades.

Que sólo los tribunales puedan anular lo que los tribunales hacen; que no venga la arbitrariedad del ministro a reírse de la autoridad de la cosa juzgada, pero que la ciencia y la conciencia pública puedan examinarla. Fallos revocables, siempre que por los tribunales pueda reconocerse que son injustos: la justicia no prescribe; fallos discutibles, porque sólo es indiscutible la infalibilidad; ésta sería una verdadera garantía para el derecho, y no la facultad de sustituirla con el hecho de una voluntad omnipotente.

▽△

VI. La conveniencia, casi necesidad, de hacer gracia en ocasiones a los delincuentes políticos

Hemos negado en otra ocasión, y aprovecharemos todas las que se presenten para volver a negar, que en justicia puedan admitirse *delitos políticos* y *delincuentes honrados*. La necesidad de las amnistías viene de la frecuencia de las rebeliones y del número de los rebeldes; la multitud de los rebeldes viene del falso concepto que se tiene del hecho de rebelarse y de conspirar. Partiendo de la abominable máxima de que el *fin justifica los medios*, y de la errónea de los partidos que *no son legales* y de las opiniones que *no pueden autorizarse*, se condenan manifestaciones legítimas del pensamiento, y se absuelven verdaderos crímenes, porque el que los comete invoca un principio o sostiene una idea.

Se dirá que todo eso son teorías y hay que venir a la práctica. Está bien; tomemos las cosas como son, pero nunca sucederá que la *realidad* y la *práctica* sea necesariamente el *derecho*.

Esos cientos o miles de hombres que escriben, que peroran, que conspiran, que se rebelan, a quienes se mata, se perdona o se premia, son hechos de fuerza, casos de fortuna o de desgracia, no resoluciones jurídicas; hay allí, no jueces ni culpables, sino *vencedores* y *vencidos*, a quienes se aplica eso que se llama *derecho de la guerra* con mucha inexactitud, y que no es mas que algunas reglas para hacerla menos cruel y repugnante, que rigen antes y después del combate, no durante él, y esto si al combatiente vencedor no le place infringirlas. El delincuente político vencido va a presidio o muere; vencedor, es general o ministro: es una lotería en que se juega la libertad o la vida para ganar el poder, y aquel a quien le toca deporta, fusila o perdona, según su natural, las circunstancias en que se encuentra y el número de los que están a merced suya. ¡Ay de ellos si son pocos! En los fallos jurídicos es circunstancia agravante el mayor número de los que se reunen para cometer un delito; en las determinaciones que inspira la política, la multitud de los delincuentes es casi prenda segura de impunidad.

Comprendamos, pues, que mientras haya delitos políticos y delincuentes honrados; mientras la opinión, lo mismo que condena el robo y el asesinato, no condene la apelación a la fuerza contra la ley, cuando esta apelación no es una verdadera necesidad; mientras el poder diga que es indiscutible, que sólo sus opiniones y las afines a ellas son legítimas, que es el depositario de la verdad absoluta, y que el error es justiciable y lo pene, las amnistías son un expediente; podrán ser una medida humanitaria después del combate, pero nunca formarán parte de la administración de justicia, porque no recaen sobre fallos jurídicos, sino sobre resoluciones que inspiraron la pasión, el cálculo, la conveniencia, el interés o la piedad. Cuando el que ejerce el derecho de gracia de una amnistía no es el jefe del Estado que indulta a un delincuente, es el que está a la cabeza de un partido vencedor que disminuye o suprime vejaciones a los vencidos, que sufren una *penalidad* más bien que una *pena*.

Parécenos, pues, que la facultad de amnistiar, su necesidad, su conveniencia, su justicia, pueden defenderse y probarse sin concluir nada en pro ni en contra del derecho de gracia, con el cual no debe ser confundida. ¿En qué se parece a un tribunal un Consejo de ministros que, presidido por el jefe del Estado, discute la *conveniencia* de una amnistía? Allí se condena o se perdona, no se juzga; allí hay dureza o compasión, calma o ira, egoísmo brutal o interés bien entendido; allí hay, en ocasiones, hasta textos de leyes; lo que no existe nunca es la serena imparcialidad de la justicia.

Concluimos, pues, que las amnistías no corresponden al asunto de que tratamos, porque no se dan en virtud del derecho de gracia, sino del *derecho de la guerra*, que no es *derecho*, sino *poder* del vencedor sobre el vencido.

▽△

VII. La justicia de abreviar la condena de los penados que dan pruebas de arrepentimiento

Este es acaso el mayor de los errores en que se funda el derecho de gracia, cuya injusticia se pone en evidencia cuando se aplica a la rebaja de condenas por supuesta enmienda de los penados.

Sólo identificando cosas que no se parecen, sólo confundiendo las que deben estar separadas, sólo equivocando los caminos de llegar a la justicia, puede haberse pensado en realizarla, haciendo como gracia rebajas de pena en virtud del comportamiento del que la sufre.

Las personas *prácticas* suelen llamar visionarias a las que se quieren apartar mucho del modo de hacer usual, y exclaman: ¡ésas son teorías!, como equivalente de ¡ésas son locuras o sueños!; pero nos parece que también la rutina tiene sus visionarios, con la circunstancia de que sus visiones, sobre vanas, son feas. El jefe del Estado aplica el derecho de gracia y rebaja la condena del penado que dio pruebas de arrepentimiento. Estas pruebas, ¿las *sabe* y las aprecia bien el rey o el presidente de la república? ¿Observa constantemente la manera de conducirse de diez, veinte o cuarenta mil penados, y, según sus merecimientos, les hace gracia o se la niega? Es un hombre verdaderamente prodigioso ese que desde la cumbre del poder ve lo que pasa en el último presidio, aunque está en los antípodas, y sabe lo que merece cada presidiario, y da a cada uno según sus merecimientos. ¿Es esto posible? Y si no lo es, ¿qué significa el derecho de gracia aplicado a este caso? La arbitrariedad, partiendo de supuestos imaginarlos y llegando a realidades injustas. La costumbre, disfrazándose de experiencia, y burlándose bajo este disfraz de las amonestaciones del derecho y del sentido común; y, en fin, lo que decirnos, visionarios que tienen la desgracia de ver visiones feas, y la desdicha, mayor para ellos y para todos, de que esas visiones sean tenidas por útiles realidades.

No es necesario insistir mucho para que todos comprendan que es absolutamente imposible que el jefe del Estado sepa los presidiarios que se conducen bien, y que, al concederles gracia o al negarsela, nada más que por casualidad podrá hacerles justicia, y sólo puede servir para abreviar ciegamente el tiempo de las condenas. Decimos *ciegamente*, haciendo la suposición más favorable, porque, con ser esa ceguedad mala, pésima, hay cosas peores, infinitamente peores.

Es justo que a los penados que se conducen bien en la prisión se les rebaje el tiempo de la condena, no por gracia, sino por justicia, y conforme a reglas inflexibles consignadas en la ley; y es justo que esta abreviación de pena no se dé incondicionalmente como en los indultos, sino condicionada, de modo que quien hace mal uso de la libertad que se le concedió, sea de nuevo recluido. Todo esto, que forma parte de la justicia penal y del sistema penitenciario, no sólo no se armoniza con el derecho de gracia, sino que es incompatible con su ejercicio, como lo es la regla justa con la excepción caprichosa o mal intencionada. Cuando las rebajas de condena se obtienen en virtud de merecimientos y no de otro modo; cuando está bien determinado lo que ha de hacer cada recluso para ir subiendo en la jerarquía penitenciaria, hasta llegar a la *libertad provisional*, que no conserva si abusa de ella, entonces el juez, al condenar a tantos años de prisión, sabe a lo que condena; cuando el recluso puede ser indultado, no. El tiempo de la prisión se abreviará, no en virtud del saludable influjo que ejerza sobre el ánimo del penado, sino porque éste tenga favor, o porque en algún *fausto suceso* se abran las puertas del presidio para que los encerrados salgan en tropel. El derecho de gracia que se pide y se defiendo como un medio de estimular a la enmienda y de perseverar en ella, de hecho desalienta los buenos propósitos.

El penado que suspira por la libertad, que sueña con ella, si supiera que no había otro medio de lograrla que el buen comportamiento continuado, perseverante, se conduciría bien; pero como la experiencia le demuestra que el indulto llega a quien le consigue, no a quien le merece, se esfuerza, no por merecerle, sino por conseguirle; busca padrinos, insta a la familia y a los amigos, importuna a los conocidos, hace exposiciones, sacrificios pecuniarios, promesas, todo menos enmendarse, para que con justicia lo den lo que por gracia pide. Nadie que tenga experiencia de estas cosas podrá negar que el elemento *indulto* es perturbador del buen orden en las prisiones, y el derecho de gracia obstáculo, en vez de ser auxiliar, de la enmienda.

Se presentan dos casos: o hay sistema penitenciario, o no le hay; o se favorecen los buenos propósitos del penado y se lleva cuenta exacta de sus acciones, o se pierden el bien y el mal que hace en un caos de desorden; o hay empleados inteligentes y probos cuyo testimonio es digno de ser atendido, o son tales que su informe es sospechoso de mala fe o de venalidad; de suerte que, si se hiciera una información sobre el informante, resultaría acreedor a todo menos a ser creído por su palabra. En el primer caso, la reducción de pena es conveniente, tiene medios dé ser justa y lo es; forma, como hemos dicho, parte del derecho penal: no es un capricho o un azar sino una ley justa que se cumple, porque la organización penitenciaria da medios de cumplirla. Aquel mecanismo es perfecto; tiene al menos la perfección compatible con la imperfección humana en la época en que funciona, y la rueda del derecho de gracia introducida en él es, no sólo inútil, sino perjudicial; es una fuerza perturbadora como todas las que no son auxiliares. Con una ley penal justa y un buen sistema penitenciario; cuando al penado se le facilita la corrección; cuando se toma nota minuciosa y diaria de su conducta; cuando, según es buena o mala, se le clasifica; cuando, conforme a esta clasificación, se le anticipa o retrasa la época de la libertad; cuando no se tiene la imprudencia de dársela definitiva, sino que circunspectamente se le impone por condición que la use bien si quiere conservarla, cuando todo esto sucede, ¿qué tiene que hacer el derecho de gracia? ¿Dónde se lo coloca que sea útil, que no sea perjudicial? ¿Se dirá al jefe de la prisión: adelanta a tal recluso más de lo que merece; clasifícale favoreciéndole; ponle donde no debe estar? ¿Se dirá al jefe de la policía: sé ciego con ese que ha sido licenciado provisionalmente y que abusa de su libertad; no lo vuelvas a la prisión por las faltas que le privan del beneficio de disfrutarla anticipadamente; deja que sean crímenes, y en vez de llevarle a aquélla, condúcele de nuevo al juez, que yo cargo con la responsabilidad de los daños que por mi intervención ha hecho?

¿Puede decir nada de esto cuando hay una ley justa, un sistema penitenciario bien organizado? Pues si nada de esto se puede decir, ¿qué dice, qué hace, qué es el derecho de gracia, donde hay medios de hacer justicia, la cual, con él, lejos de aumentar, disminuye; donde hay una armonía que perturba porque no puede formar parte de ella?

En los países que dichosamente están en este caso, se dice que el jefe del Estado tiene medios de informarse con exactitud de los merecimientos de cada penado, y en virtud de ellos negar la gracia o concedérsela. Pero, ¿de quién recibe estos informes? De los empleados en la penitenciaría, que, en virtud de su reglamento y de la ley, hacen como regla lo que el indulto como excepción: si es conforme a derecho no es necesario, porque la rebaja se hará sin él, si el en contra, no debe hacerse; de manera que, por cualquiera fase que se considere, la gracia no es justicia, ni conforme a ella su ejercicio. Las condiciones con que éste se quiere regularizar, nótese bien, son siempre *limitaciones*, como si estuviera en la conciencia de todos que no puede hacerse uso ordenada y racionalmente de lo que en esencia es abusivo.

Si el derecho de gracia se ejerce en un país donde no hay sistema penitenciario y donde las prisiones son corruptoras en vez de ser correccionales, el mal crece hasta un punto que él solo constituye un poderoso elemento de criminalidad, porque es un atentado permanente contra la justicia. Es imposible atenerse a ella para conceder las rebajas y conmutaciones de pena, porque los que han de informar sobre la conducta del penado, o no la saben, o contribuyen a que no sea buena, o faltan a la verdad cuando es mala, y por ignorancia o por interés favorecen o perjudican. A veces influyen también prevenciones injustas: la ira o la venganza, o *para que se quite de delante* algún penado que da *mucho quehacer*, se informa bien a fin de que salga pronto. Parecería absurdo que en los países cuyas prisiones son casas de corrupción el derecho de gracia se ejerciera en virtud de un sorteo. ¿Qué se harían en este caso todos aquellos motivos en que se funda el premiar el buen comportamiento, el alentar los buenos propósitos, el sostener los esfuerzos del que necesita auxilio para perseverar en el bien, etc., etcétera? Frases huecas, frases vanas, a que la realidad no corresponde, y cuya mentira se pondría de manifiesto calculando por medio de un quinquenio las rebajas que se conceden cada año, y sorteándolas entre los penados. Esto sería absurdo, inmoral, ciertamente, pero menos que ceder a influencias torcidas y dar crédito a informes de personas que no le merecen. Apelamos al testimonio de los hombres rectos que saben cómo se conceden las rebajas y quién da para ellas los informes en los países donde las prisiones son depravadoras; apelamos a su testimonio para que digan si no sería preferible la suerte ciega a esta arbitrariedad constante.

Resulta, pues, que el derecho de gracia aplicado a las rebajas de condena es peor que un sorteo en el que se rifara la impunidad o el castigo de los que han infringido las leyes. Esto, que es cierto, podrá parecer exagerado, porque no hay con más increíble que la verdad cuando por mucho tiempo se ha dado culto al error. Y decimos *culto*, porque el derecho de gracia no suele sostenerse como una opinión cualquiera, sino que se rodea de una aureola compuesta del prestigio de los altos poderes y la belleza de los sentimientos humanos, en términos que es posible que los que le combatimos seamos calificados de anárquicos y crueles.

▽△

VIII. La necesidad de armar a la sociedad de penas severas que intimiden a los criminales, pero que por medio del derecho de gracia no degeneran en crueles porque sólo se aplican cuando es indispensable

Este motivo de mantener el derecho de gracia se funda también en un falso concepto de la justicia y en un cálculo errado respecto a la conveniencia. Aquí, la injusticia y la ceguedad del derecho de gracia están más de manifiesto, porque ya no se alegan las circunstancias personales del reo, que aprecia el rey o el presidente de la república y no pudo apreciar el juez, sino las del país, que hacen necesaria la ejecución de la sentencia o consienten el indulto. Aquí, las consideraciones individuales, esas que se alegan principalmente en favor del derecho de gracia, no se tienen en cuenta; es más: la culpa, que es la única que ha de atenderse para graduar la pena, si no se prescinde de ella se considera como una razón secundaria; la principal es el estado del país y lo que se llama necesidad o conveniencia pública.

De cualquier delito que se trate, lo absurdo de este criterio es claro; pero a medida que la pena se agrava, la injusticia crece; cuando es capital se ve más patente. Y es el caso que a la pena capital se aplica más generalmente la regla de sustituir lo que se llama la necesidad imperiosa del momento, a la apreciación de las circunstancias del reo para negarlo o concederle el indulto, porque los grandes delitos son los que más impresionan. Esta impresión se produce, o por el número de atentados, o por la clase de personas contra quienes se dirijan.

Hay un reo condenado a muerte, para el que se pide indulto; los que le solicitan alegan una porción de circunstancias atenuantes que le hacen acreedor a la gracia. El ministro conviene en ellas, y siente mucho que las del país no consientan aconsejar a S. M. o A. que haga uso de la más bella de sus prerrogativas.

–En otra ocasión, dice, no tendría inconveniente en hacerlo, pero hoy ya ven ustedes lo que pasa: en tal parte, cinco asesinatos en una semana; en cuál, diecisiete en un mes; en la otra, dos crímenes con circunstancias que horripilan; lo siento de veras, pero es preciso hacer un ejemplar; no hay remedio, es preciso.

Y el ejemplar se hace, y el hombre muere en el patíbulo, y aquel o aquellos cuya ferocidad fue causa determinante de que muriera son indultados, porque su sentencia de muerte se firmó en ocasión en que los asesinatos no eran tan frecuentes. Estas no son suposiciones, sino que, desgraciadamente, es historia, y aun más desgraciadamente tiene que serlo y lo será mientras el poder se vea guiado por un sentimiento egoísta, como es el de la utilidad *mal entendida*, y la utilidad se entiende mal siempre que se atiende a ella sola o primeramente.

Si los crímenes, aunque no sean muy frecuentes, se dirigen contra personas de alto rango, el derecho de gracia se retrae o deja de aplicarse aunque se viniera aplicando tan constantemente a la pena capital que se consideraba ésta como abolida; esto también es historia, e historia contemporánea, y será futura porque las leyes morales, por ser menos conocidas, no son menos indefectibles que las físicas.

Los progresos de la ciencia jurídica establecen como medida para los grados de la pena, los grados de culpa del agente; pero el derecho de gracia retrograda, vuelve a los tiempos bárbaros, ve en la justicia un medio de intimidar, arroja la balanza, y, empuñando la espada, cercena cabezas en número proporcionado al de los peligros que teme.

O los peligros existen, o no. Si no existen, ¿para qué conjurarlos? Si los hay, no desaparecerán por medio de crueldades, a no ser que acepte la jurisprudencia la máxima en que se apoya la homeopatía, *similia similibus curantur*, y se quiera establecer el imperio de la justicia a fuerza de injusticias con los injustos. Si tan insensato principio no se formula terminantemente como principio de derecho, prácticas hay de hecho que parecen no apoyarse en otro, y es una la de indultar, no según lo merece el delincuente, sino según la situación verdadera o supuesta de la comarca en que se ha cometido el delito y la casualidad de que después se hayan cometido otros con frecuencia o circunstancias agravantes.

Y para ver hasta qué punto este criterio es irracional o injustas sus consecuencias, puede suceder, y aun afirmamos que por regla general sucederá, *que la frecuencia de un delito sea una circunstancia atenuante para el que le comete*. Si los que reservan toda la severidad de las leyes para los casos en que se repitan sus infracciones tienen nuestra afirmación por atrevida, y tal vez por extravagante, esperamos que parezca exacta a las personas despreocupadas que hacen juicios, y no cálculos, cuando se trata de administrar justicia.

En épocas de pública calamidad, por malas cosechas, inundaciones u otra cualquier causa que aumente la miseria, la estadística demuestra que son más frecuentes los delitos, en especial los que se dirigen contra la propiedad. ¿Se penarán más severamente a medida que crece su número, o, por el contrario, se comprenderá que las circunstancias generales, sin abonar el mal hecho particular, le disculpan un tanto y atenúan su malicia? Nos parece evidente que hará lo último cualquier juez que tenga nociones elementales de derecho o simplemente buen sentido, y repita aquello tan sabido de que el *hambre es mala consejera*. Si es más perceptible la atenuación que lleva consigo el mayor número de delitos en este caso, no es menos positiva en otros. El fanatismo político, el religioso, la falta de creencias, la anarquía, el despotismo, la ignorancia, la impunidad, las leyes injustas, la sed de goces materiales, la corrupción de las costumbres, etc., causas generales son que aumentan la criminalidad sin aumentar la culpa del criminal; antes, por el contrario, atenuándola, porque el mal ejemplo fue más repetido y la tentación más fuerte.

La frecuencia de los crímenes prueba que hay causas generales que favorecen su incremento; a estas causas generales contribuyen todos, y no hay asomo de justicia en hacer que recaigan sus efectos solamente en unos pocos. Cierto que el hombre debe y puede ser bueno siempre; pero ¿se negará que necesita voluntad más firme para cumplir su deber cuando la atmósfera moral que le rodea está saturada de malas tentaciones y de malos ejemplos? La misma perversa acción, ¿no es mucho más culpable en el hijo de una familia honrada que ha tenido siempre presentes modelos de virtud, que en aquel cuyos padres le han enseñado prácticamente el vicio o el crimen?

Cuando esto se prueba, ¿no parece un tanto disculpable el delincuente, y no se tienen por circunstancia atenuante los antecedentes de su familia? Pues la gran familia del que infringe las leyes es la patria, y cuando ésta no es virtuosa, ni compasiva, ni honesta, ni justa, como acontece si en ella son frecuentes las infracciones legales, cuanto mayor sea esta frecuencia, que revela concausas generales muy poderosas, mayor esfuerzo individual se necesita para perseverar en el bien, y alguna más excusa tiene el que hace mal. ¿No es evidente que entre malos tiene más mérito ser bueno? Pues si esto no se puede negar, hay que conceder que tiene más disculpa el que no lo es, y que, siendo la frecuencia de los delitos prueba de maldad general, es circunstancia atenuante para el delincuente en particular.

Tal es la verdad. ¿Dónde está la justicia de penar más severamente los delitos a medida que son más frecuentes, es decir, más disculpables? ¿Qué significan esas penas duras que, como fieras enjauladas, encierra o suelta el derecho de gracia, a medida de la necesidad que supone de *escarmientos*? Que son estos escarmientos, no sólo ciegos, sino, lo que es aún mucho peor, hechos en virtud de un criterio positivamente erróneo. Son una de las peores fases del derecho de gracia.

En cuanto a la conveniencia de la injusticia, claro está que no puede existir para los que saben lo que es justicia y conveniencia;

y aun para los que lo ignoran y sueñan con utilidades injustas, no pueden imaginar que sea una de ellas la ley como amenaza, realizada o no por el jefe del Estado según las circunstancias. La criminalidad no disminuye penándola duramente, sino infaliblemente, y, sobre todo, haciendo por evitar la perversión, sin la cual no existiría. Los países desmoralizados que quieren establecer el orden jurídico prescindiendo del moral, se parecen a las personas que, prescindiendo de la higiene, se entregan a los mayores excesos, y, cuando está arruinada su salud, llaman a un curandero resuelto, que los mata. Es lo positivo que, aun en la medida que puede contener al autor del delito el temor de la pena, cuando ésta es a la vez severa o incierta, tiene los inconvenientes de la dureza y los de la impunidad; aplicada o suspendida por el derecho de gracia, desmoraliza siempre y no contiene nunca; porque, cuando los criminales lo son con premeditación y echan cuentas, suelen ser galanas; las eventualidades favorables los impresionan más que las adversas, y la amenaza de la ley los contiene menos que los anima la esperanza del indulto. Éste, para los jurisconsultos sus partidarios, podrá tener varias ventajas y significaciones; para el culpable significa siempre el medio de esquivar la pena merecida.

La facultad de indultar fundada en la conveniencia de que haya leyes duras que amedrenten a los criminales, para aplicarlas o suspender su ejecución según que la sociedad se halle más o menos amenazada, nos parece una ilusión a la vez que una injusticia, y el derecho de gracia, en este caso, el veredicto del egoísmo ciego y amedrentado.

A todo lo dicho añádase y téngase presente, porque es muy de tener en cuenta, que el derecho de gracia no se ejerce sino a *petición de parte*; y cuando ésta no sabe, no puede o no quiere pedir, la gracia, aunque se merezca, no se recibe. En las amnistías, es la razón de Estado, o lo que por tal se tiene, la que decide; en los indultos generales, un motivo cualquiera; pero aparte de estos dos casos excepcionales, en que el jefe del Estado perdona espontáneamente *en masa*, cuando se trata de individuos y se supone que favorece atendiendo a sus circunstancias, aquél las ignora si éstos no tienen medio de que las sepan. ¿Tienen estos medios todos? ¿Es posible que los tengan? Si los tuvieran, ¿tendría el jefe del Estado tiempo material para hacerse cargo de cada uno de los miles de penados que pedían gracia para determinar si en justicia se les podía conceder? Nada de esto es posible, y el derecho de gracia, aunque razonable fuera, aunque tuviese todas las condiciones que lo faltan, siempre sería esencialmente excepcional y sólo aplicable a los pocos casos en que puede ser oída la voz que le reclama: él es de suyo *pasivo*, de una pasividad inevitable, y sólo cuando vienen a sacarle de ella da señales de existir. Que la falta leve sea por desdichadas circunstancias penada como delito; que el penado enferme y sufra en la enfermería de presidio años, cada uno de los que debía contarse por diez; que la inocencia gima a consecuencia de la falibilidad de los juicios, el derecho de gracia no se inquieta por estas cosas, ni las sabe si el pariente o el amigo del penado no se lo dicen.

Esto no lo negarán los que le defienden; no pueden negarlo, y esta concesión basta para convencerlos de que es injusto. La acción del jefe del Estado en este caso no es espontánea y general, como es indispensable que sea la administración de justicia, sino excepcional y requerida por los pocos que hallan medios de implorarla.

Esta pasividad, incompatible con la justicia, se pone bien de manifiesto por los tribunales *que informan bien para el indulto de los que han condenado*. Ya que hacen esa distinción desdichada entre el hombre y el juez; ya que desgraciadamente imaginan que sin faltar a la justicia pueden aplicar la ley contra su conciencia, ¿cómo el fallo condenatorio dictado contra el que conceptúan digno de indulto no va siempre[1] inmediatamente seguido de una exposición al jefe del Estado pidiendo gracia contra su justicia? Esto parecía lo natural, lo equitativo (de una equidad relativa, ya se comprende), y no esperar a que el ministro pidiera informe.

La justicia que el derecho de gracia ha de hacer, aun bajo el punto de vista de sus defensores, está latente en la institución; es un germen que no germina sino en los pocos casos de que una condición exterior, la gestión del interesado, viene a darlo vida. ¿Puede armonizarse este hecho, no casual, sino constante, no fortuito, sino inevitable, con la esencia de ningún derecho? Al que después de haber sufrido una pena dura, y a su parecer injusta, se quejara al jefe del Estado, personificación para él del derecho, puesto que para mejor realizarle puede anular los fallos de los tribunales; al que le dijera: se me ha negado justicia, él podría responder: ¿y por qué no habéis pedido gracia? ¡Justicia, y es necesario pedirla!

Y aquí surge otra cuestión. Hay muchas circunstancias en que repugna pedir la justicia que se llama gracia, en que honrada y decorosamente no se puede solicitar por la naturaleza misma del delito, estableciendo un vínculo de gratitud con una persona a quien pareció bueno combatir. Al juez se le pide justicia; nadie se rebaja por pedírsela, ni le debe gratitud cuando la hace; ninguna consideración particular le debe el que recibe un fallo absolutorio. Mas el que demanda al jefe del Estado lo que puede negarle, lo que está en su mano conceder o no, ¿no se dice que le *debe* la vida si le indulta de la pena de muerte, la libertad si abre las puertas de su prisión?

Estos conflictos morales, en que sentimientos honrados luchan entre sí y parecen imposibles de armonizar, prueban que no es un hecho jurídico el que suscita semejante pugna, porque la justicia es armónica, y el alma la recibe como el pecho el aire y los ojos la luz. A todos los argumentos que se hagan para que reciba indulto el que le rechaza, él puede responder: Si es justicia, ¿para qué se me da como gracia? Si es gracia, la rehúso.

Del examen, aunque breve, de los motivos que se dan como razones para que la voluntad y el criterio del jefe del Estado se sobrepongan al fallo de los tribunales, nos parece resultar bastante claro que semejante arbitrariedad es un obstáculo, y no un auxiliar de la justicia, y que el derecho de gracia es como una lotería en que se sorteara la impunidad entre los que jugaban al crimen.

▽

2

Capítulo II: El derecho de gracia en los hechos

Capítulo II

El derecho de gracia en los hechos

Si las teorías más realizables, mejor sentidas y pensadas; si los pensamientos en que la razón elevada, la conciencia recta y el corazón piadoso parecen unirse a impulsos del amor de la verdad y de los hombres, para servirles de guía y consolarles; si aquellas ideas que asemejan revelaciones de una inteligencia más alta, y recuerdos o esperanzas de un mundo mejor, todavía al realizarse en éste empañan su celestial pureza como agua cristalina que corre por suelo cenagoso; si todavía se tuercen y se desfiguran al chocar con las pasiones humanas, que tantas veces pretenden convertir en tea incendiaria la antorcha de la razón; si lo que es verdadero y justo en su origen halla obstáculos grandes para realizar la justicia cuando ésta se desconoce en teoría, ¿qué no debe temerse que suceda en la práctica? En este caso deplorable el error forma núcleo, y alrededor de él se agrupan cálculos, ignorancias, pasiones ruines y feroces, egoísmos ciegos ó indómitos, que bajo todas las formas toman aires magistrales y se dicen necesarios, apoyándose en que se los ha reconocido como justos. Si aun los verdaderos derechos se tuercen, ¿qué no acontecerá con los tuertos convertidos en leyes? Sucederá que los errores trasformados en injusticias, y éstas a la vez fortaleciendo los errores, formarán un laberinto donde muchas inteligencias y muchas conciencias podrán hallar difícil salida.

Tal sucede, a nuestro parecer, con el derecho de gracia, que, hijo del error, engendra la injusticia y el desorden intelectual y moral, a cuyo favor ofusca y se perpetúa. Pero todo este daño, dicen, viene de su

29

abuso; como si fuera posible usar bien de lo que se piensa mal, como si lo que se concibe contra verdad no hubiera inevitablemente de realizarse contra justicia. Lo que La Rochefoucauld dijo, sin razón, del verdadero amor, con ella podría decirse del derecho de gracia bien ejercido: *Todos hablan de él y nadie lo ha visto.*

En los antiguos tiempos, en que la opinión tenía una especie de ensañamiento contra todo penado por la ley; en que la *vindicta pública* era implacable; en que, no habiendo posibilidad de corregir a los culpables, se exterminaban siempre que se los temía, en que perteneciendo, por regla general, a una clase despreciada, habían de inspirar poco interés a la que podía protegerlos; en que los reyes, separados de sus vasallos por la etiqueta y por la idolatría de que eran objeto, tenían pocas ocasiones y compromisos de conceder indultos, en las antiguas monarquías, en que éstas y otras circunstancias se reunían para que los monarcas no abusaran del derecho de gracia, se ve que tienen ellos mismos que limitarle, hasta llegar al absurdo de marcar en números redondos el *máximum* de los perdones que podrían conceder; prueba evidente de cuánto se abusaba del poder de perdonar, aun en tiempos en que todo contribuía a que se usara con parsimonia. Y que no era así lo ponen bien de manifiesto los escritores, sus partidarios, que encarecen siempre la necesidad de usarle con mucha prudencia, o denuncian el abuso que de él se hace.

Hoy acontece lo propio. Han cambiado la forma de gobierno, las leyes, las ideas, las costumbres, todo, y los partidarios del derecho de gracia continúan clamando para que no se abuse de él. En comprobación de esta verdad citaremos a uno de los últimos que han tratado de este asunto, el Sr. Armengol, que en *La gracia de indulto y su ejercicio* dice: «Basta, empero, lo indicado para que se comprenda cuánta importancia tiene el estudio de esta materia, mayormente en un país en el cual es tan ordinario ya el ejercicio de la gracia de indulto que es difícil pueda presentarse hoy nación alguna cuyo jefe tenga una sensibilidad tan exquisita y un fondo de clemencia tan inagotable como los que rebosan las *Gacetas* públicas de algunos años a esta parte, y los infinitos expedientes archivados en el Ministerio.

. . . .

. . . .

«Algunos años atrás, también en nuestra patria existieron agencias especiales que se encargaban de negociar los indultos; mas como este punto más puede *decirse* que *probarse* por la índole propia del negocio y lo espinoso y tortuoso de los trámites que al efecto se empleaban, en la conciencia de cuantos conocen un poco el mundo y nuestras debilidades administrativas en varios ramos está ya lo que saben los que han querido estudiar algo el ramo penitenciario.»

Trataremos más adelante de cómo se ejerce en España el derecho de gracia; aquí hacemos sólo esta indicación para que se vea que hoy, como siempre, sus defensores se duelen del abuso que de él se hace, hasta el punto de dejar en el ánimo el convencimiento de que el buen uso no ha existido nunca más que en el buen deseo o en la imaginación.

Si de las monarquías pasamos a las repúblicas, la de los Estados Unidos es conocida de todos los que del asunto se ocupan, por haber abusado con indecible exceso del poder de perdonar. Carlos Lucas afirma que «el derecho de gracia ha dado en América origen a increíbles abusos que, afortunadamente, no se conocen en Europa[2]. Aflige el considerar que en los Estados Unidos el derecho de gracia, en vez de un medio de reforma, se haya convertido en una cuestión de economía y de presupuesto, y que las aventuradas especulaciones del espíritu mercantil hayan prevalecido sobre los prudentes cálculos previsores y las benéficas inspiraciones humanitarias.»

Otros autores partidarios del derecho de gracia no sé limitan a deplorar su abuso en los Estados Unidos de América como consecuencia de un error administrativo, sino que claramente lo atribuyen a veleidades vanidosas en los presidentes de los Estados de la federación, y a la corrupción que vende la impunidad al mejor postor, así fuese el peor de los hombres. Aunque no sea allí la corrupción más que en otra parte, se comprende que los abusos puedan ser mayores y crezcan con el número de los que tienen posibilidad de abusar. Imagínese lo que sería en España el derecho de gracia si, en vez de tener un manubrio que mueve el ministro, tuviera ocho, diez, veinte o cuarenta, manejados por los caciques de las provincias, y dígase si no harían ventajosa competencia, en el abuso de que vamos tratando, a los presidentes federales.

Sea de esto lo que fuere, es lo cierto que en países y épocas diferentes, con diversas costumbres y formas de gobierno, todos concuerdan en abusar del derecho de gracia. Merece notarse esta conformidad y copiarse dos documentos insertos por el Sr. Armengol en su citado trabajo. El uno es de un rey absoluto que en el siglo XV legisla en España; el otro es de un publicista eminente del siglo XIX, que hace un proyecto de Código penal en la América republicana y democrática.

Don Juan II decía en 1447: «Que todos los perdones que Nos hobiéremos de hacer en cada año se guarden para el Viernes Santo de la Cruz, y que nuestro confesor, a quien Nos mandásemos, reciba las relaciones de ellos, y la Semana Santa de cada año nos haga cumplida relación de cada perdón que nos fuera suplicado que hagamos y de la condición y calidad dél, para que Nos tomemos un número cierto de los que a *nuestra merced pluguiese* de perdonar, tanto que no pasen de *veinte perdones cada año*; y que aquéllos se despachen por aquel año, *no más*; y que los perdones que en otra manera se hicieren *no valan, ni sean guardados ni cumplidos, aunque se digan ser hechos de nuestro propio motu y ciencia cierta, y poderío real absoluto, con cualquiera cláusulas derogativas de esta ley, y de otras cualesquier leyes, fueros y derechos y con otras cualesquiera firmezas.*»

Livingston, en su proyecto de Código penal, establecía en el art. 336. «Si alguien por salario, recompensa o emolumento, de cualquier clase que fuere, o mediante promesa de cualquier estipendio, solicita el indulto de un penado o lo facilita alguna persona para firmar una solicitud de gracia, o para hacer diligencias en su favor, será condenado a una multa de 10.000 reales; y si es abogado o procurador, será suspendido de su profesión en todos los tribunales del Estado por espacio de un año.»

El remedio propuesto varía con los tiempos y lugares; pero el mal ¿no se ve claramente que es el mismo? ¿Qué país, qué forma de gobierno, qué época buscaremos para que este mal no exista, cuando en lo antiguo y en lo moderno, y en estas y las otras regiones, y en repúblicas y monarquías, se le ve poderoso y persistente? Ha persistido, persiste y persistirá porque es esencial, porque es necesario, no contingente; porque hay gravitación moral como física, y en virtud de ella no se eleva y consolida la equidad sobre cimientos de injusticia.

Ahora examinemos brevemente lo que es en España la práctica del derecho de gracia. Sus formas son las siguientes:

Amnistía.

Indulto general.

Rebaja.

Indulto personal.

Conmutación de pena.

▽△

I. Amnistía

Hemos dicho ya que este modo de ejercer el derecho de gracia no forma parte de la administración de justicia, y que el que le ejerce no lo hace realmente como jefe del Estado, sino de un partido victorioso que aplica a los vencidos la ley del más fuerte. En esta aplicación podrá haber más o menos humanidad, mayor o menor tino, pero nunca será un acto jurídico que tenga siquiera apariencia de perfeccionar lo que de imperfecto haya podido tener el fallo de los tribunales. Mientras no reciban un unánime voto de reprobación las *opiniones armadas* de que hablaba el publicista inglés, y el *razonarlas se prohíba*, las rebeliones harán necesarias las amnistías, como las enfermedades graves las operaciones cruentas.

Esto es general a todos los países; pero lo peculiar de España y de algunos otros pueblos tan desdichados como ella, es la frecuencia de los accesos de esa enfermedad del espíritu que hace conspiradores, sediciosos y rebeldes. La rebelión triunfante tiene que amnistiar; vencida, que ser amnistiada, porque es materialmente imposible hacer la carnicería que en virtud de la ley debía hacerse, ni hay donde encerrar a los que legalmente podían ser recluídos. Así, pues, lo repetimos, el derecho de gracia ejercido en forma de amnistía no es un acto jurídico, sino político, y su abuso es con frecuencia atentatorio a la justicia. Los crímenes más horribles se amnistían si se cometen gritando viva esto o muera aquello, y se absuelve el robo, el incendio y el asesinato si se han perpetrado con *ocasión* de un levantamiento en armas. Semejantes absoluciones, donde se dan con tanta frecuencia como en España, son un atentado permanente contra la justicia, un estímulo para todos los que están dispuestos a faltar a ella, una causa poderosa de extravío y un foco de perversión para la conciencia pública. El *indulto* asegura la impunidad, pero no rescata la honra; la amnistía declara honrado al que exime de pena considerándole más bien como imprudente, como desgraciado, como vencido, que como culpable. El amnistiado vuelve como un prisionero de guerra después de hecha la paz, alargando osadamente al ciudadano honrado la mano rapaz, pronunciando con arrogancia su nombre abominable, y erguida la cabeza sobre la cual cae tanta sangre injusta y villanamente vertida. Estos ejemplos repetidos vienen a ser modelos de gente mal inclinada y aviesa, que, cubriendo todos sus perversos instintos con el manto de la pasión política, halla en la amnistía el salvoconducto que proporciona, no sólo impunidad, sino consideración y decoro.

Como el que roba y asesina asesino y ladrón es aunque el jefe del Estado lo declare hombre moral y caballero, resulta que, cuando estos delincuentes honrados constituyen una gran masa, forman un foco purulento que él sólo bastaría para contaminar toda la atmósfera moral. Como no basta aplaudir una cosa esencialmente mala para convertirla en buena, resulta que los que aplauden se malean en vez de abonarla. Como, en fin, los que son verdaderamente delincuentes no pueden ser verdaderamente honrados, resulta que no se los puede honrar sin deshonrarse. Esto es lo que sucede donde la amnistía repetida de graves delitos y la opinión extraviada se fortifican mutuamente contra la justicia y el honor, y con el insensato empeño de elevar a los que están muy abajo, y ennoblecer a los viles, sólo logran rebajar el nivel moral y degradar a la nación entera. Que a esto contribuye mucho el derecho de gracia ejercido en forma de amnistía y prodigado de la manera que hoy se hace, es cosa fuera de toda duda para el que observe lo que sucede y reflexione sobre sus imprescindibles consecuencias. En pueblos ignorantes y fanatizados por pasiones colectivas, la conciencia pública no se dirige al bien como el imán al Norte; puede declinar mucho y sufrir muchas perturbaciones, y ninguna cosa contribuye más a ellas que el espectáculo constante de ver honrado lo que es vituperable y absuelto lo que se debía penar.

La amnistía dentro de razonables límites sería una triste necesidad, consecuencia de un mal grave; la amnistía sin límites racionales contribuye poderosamente a perturbar el orden moral y el material, y es la forma del derecho de gracia que da mayor amplitud al hecho de injusticia.

▽△

II. Indulto general

El indulto general es cosa tan evidentemente contra justicia, que no puede ser sostenida ni aun por los más resueltos defensores del derecho de gracia. Desean éstos, aunque en vano, y se lisonjean de que es posible, que la aplicación de la ley sea más justa si hay un poder que atenúe su severidad cuando es excesiva, y tenga en cuenta circunstancias individuales que los tribunales no han podido apreciar, y por las que el agente resulta menos culpable aunque el hecho sea el mismo. Esta razón, que sería la única atendible si no fuera ilusoria como creemos haber probado, no existe respecto a los indultos generales, que, como su nombre lo indica, para nada tienen en cuenta los merecimientos personales del que recibe la gracia. Esta se concede por clases de delitos tales y cuales son indultados ú obtienen rebaja en el tiempo de la pena, y salen a centenares o a miles de las prisiones, no porque sido en ella buena, no porque en su culpa haya habido circunstancias atenuantes que el tribunal sentenciador no supo o no pudo apreciar, no porque la ley fue en exceso severa, sino porque el burlarla forma parte del programa de fiestas para celebrar un suceso oficialmente fausto, y hay iluminaciones, fuegos artificiales, toros o indultos.

A la verdad, no se comprende la razón, ni siquiera el motivo de estos favores dispensados, a quien conocidamente no los merece. Cuando recaen sobre individuos aunque no se legitime, se explica por la influencia del que los logra, por compromisos y porque ya se sabe que los que fácilmente faltan a su deber tienen siempre muchas personas a quienes no pueden faltar. Para los indultos generales no hay ni esta explicación: las gracias caen a granel sobre una colectividad que no pudo lograrlas por recomendación gratuita o interesada; y como no sea un modo de aligerar el presupuesto, no se ve el motivo de estos perdones en masa. Para colmo de absurdo, recaen en su mayoría sobre personas muy necesitadas de represión para no volver a delinquir; porque sabido es que la propensión a la reincidencia no es proporcional a la gravedad del delito, sino que suele suceder todo lo contrario; de manera que de los indultos generales es poco decir que son ciegos; parece que tienen vista para ver el peor camino y elegirle.

Decíamos en otro lugar[3]: «En ocasiones, y para celebrar *faustos* acontecimientos, se dan indultos o se hacen rebajas generales; con una vez que esto suceda, basta para que se espere diez, cuarenta o ciento. Un día entráis en la prisión, y veis que el ruido y el desorden es mayor que el de costumbre; ¿qué sucede? Que ha corrido la voz de indulto, esparcida no se sabe por quién, creída como deseada por todos, y ya no hay ninguno que se preocupe de otra cosa.»

Cuando la noticia, que las más veces resulta vana, no lo es, a la escena de tumulto sucede otra más deplorable. Al anuncio de gracia todos la esperan, porque ya se sabe que es otorgada sin ser merecida. ¡Qué desconsuelo, qué decepción, qué cólera desesperada, al ver la lista de los que *salen en libertad* y en la que no está el nombre del que espera con ansia que se pronuncie el suyo! ¿Y por qué no está y están otros? No alcanza la razón, tal vez no existe, acaso hay muchas para que estuviera. Es posible que el jefe de la prisión, si es persona regular, se duela de que la gracia no alcance a muchos que la merecían mejor que los agraciados; pero la letra del decreto comprende a unos y excluye a otros, y aquéllos se van y éstos se quedan, convencidos todos de que los libres tuvieron *fortuna* y los reclusos *desgracia*, con la cual no es fácil que se resignen. En todo esto no hay nada de equitativo, de jurídico, digámoslo, de racional; es el azar, el acaso; pero como se trata de cosas que pueden y deben sustraerse a él para encomendarse a la justicia, al faltar a ella de un modo tan evidente para los perjudicados y para los favorecidos, se contribuye a desmoralizar a los unos y a los otros.

Y no son sólo muchos que no *salen* en virtud del indulto los que con razón se quejan, sino muchísimos *que entran*, sentenciados después del decreto, por la lentitud con que se administra justicia. Si su causa se hubiera fallado cuando *debía*, estarían comprendidos en el decreto que los excluye, y ven la doble injusticia de prolongar indebidamente la prisión preventiva, y que de resultas se prolongue la prisión penal.

Bajo cualquier punto de vista que se considere, en su conjunto y en sus detalles, en sus causas y en sus efectos, el indulto general es atentatorio a la justicia y deplorable que el faltar a ella forme parte de los regocijos oficiales en las grandes solemnidades.

▽△

III. Rebaja, indulto, conmutación de pena

La rebaja del tiempo de la pella tiene razón de ser como justicia, como estímulo para que el penado, se conduzca bien y adquiera hábitos de orden y trabajo, y como sostén y premio de buena conducta; pero como gracia, heislos visto que es absurda en principio y ha de ser injusta y perjudicialísima en sus consecuencias. La abreviación de la condena debe concederse con forme a reglas fijas y en virtud de merecimientos, que consisten en buenos procederes continuados, sostenidos, que van obteniendo, ventajas graduadas de que no se abusa, y dan probabilidades de que no se abusará tampoco de la libertad que se anticipa. En esto no hay nada arbitrario, nada gracioso: todo tiene norma y se funda en principios de equidad; fuera de esto no puede haberla, y, por consiguiente, no la hay.

No tenemos ningún motivo para variar de opinión, y cada día vienen nuevos hechos y razones a confirmar la que teníamos al escribir[4] lo que por este motivo repetimos.

En teoría se parte:

1.º De que la gracia no se hará sino al penado que la merezca.

2.º De que puede saberse cuándo es acreedor a ella.

«Decimos *en teoría*, más para conformarnos al lenguaje usual que a la verdad, porque sin faltar a ella no se puede llamar teoría una proposición o serie de proposiciones que han de resultar inexactas o falsas en lapráctica, y tales son las dos citadas arriba.

«En efecto: no se concibe un pueblo, y de hecho hasta ahora no existe, en que laspersonas que intervienen en la concesión de indultos, rebajas y conmutaciones de pena sean todas ilustradas, de una justificación y rectitud a toda prueba, y de un carácter inflexible que no se deje influir por la insistencia del ruego ni la insinuante voz de la piedad. Según la moralidad del país, podrá haber pocos, varios o muchos individuos que reunan estas circunstancias; pero suponer que han detenerlas todos los que intervienen en la concesión de un indulto, pensar que desde el último empleado hasta el jefe del Estado, ambos inclusive, se dan y se reciben informes exactos de la conducta del penado, y sólo por ella y en vista de ella se le conceda la gracia, y que así ha de suceder siempre, pensar esto es sustituir un sueño a la realidad y hacer de una ilusión la base de la justicia. Y es tanto más expuesto faltar a ella, cuanto que en su perjuicio se pueden excitar, y de hecho se excitan, los sentimientos generosos, la simpatía y la conmiseración por la desgracia. No hay escrúpulo en desfigurar un poco la verdad, que al través de unos cuantos intercesores deja de serlo, pintando al penado con colores que le hacen interesante. ¿Y su pobre familia? ¿Y su padre anciano, y su madre desolada? ¿Quién no lleva, pudiendo, consuelo a estos infelices? ¿Quién no procura el indulto o lo firma?

«Además de ser imposible que algunos o muchos no se tuerzan por debilidad, falta de amor o desconocimiento de la justicia, no es posible conocerla, porque la segunda base de que se parte, lejos de ser sólida, es ilusoria. No se puede saber nunca la enmienda del penado ni su corrección hasta que se halla en libertad. En la penitenciaría sólo se sabe su conducta en ella, hija tal vez del cálculo o del temperamento, indicio completamente engañoso para afirmar por él el estado de la conciencia. Con muy pocas excepciones, los grandes malvados son *buenos presos*, y sus guardianes informan bien de ellos; de manera que, aun cuando los que gestionan y conceden los indultos no buscasen más que la verdad y pusieran todos los medios de hallarla, caerían en el error.

«¿Cómo pasan las cosas de hecho? De la manera siguiente:

«El que tiene favor, *padrinos*, como se dice, obtiene rebaja, indulto o conmutación de pena; sus compañeros saben que no es mejor que ellos, que tal vez es peor, y adquieren el convencimiento de que la justicia es una palabra y el favoritismo un hecho. Hay todavía una cosa peor que él. Verdad o mentira, se dice y se cree que fulano o zutano consiguieron su indulto por dinero, y lo que no tiene duda es que, con motivo o pretexto de gestionar la gracia, se sacan cantidades tal vez de mucha consideración al recluso o a su familia. Si decía que la impunidad se obtiene con empeños, ahora dice que se *compra*, y supone que el precio llega arriba, muy arriba. Como a veces le paga por una gracia que no obtiene; como el agente que la pide culpa al que debía hacerla, acusándole de haberla cobrado y se embolsa su importe, ya no sólo se dice que la impunidad se obtiene por favor y por dinero, sino se añade que, prometiéndola con engaño, se *roba* al que la solicita. Estos juicios, en que hay una parte exacta y otra errónea, llevan a la penitenciaría un elemento más, y muy activo, de corrupción; pocas cosas pueden contribuir a ella tanto como ver salir la arbitrariedad de lo que debíera ser fuente de justicia, y las más indignas acciones de quien está obligado a dar altos ejemplos; y no basta decir que las acusaciones son calumniosas, porque, desde el momento en que son creídas, son fecundas en consecuencias deplorables.

«Así se procura no merecer el indulto, sino comeguirlo, y esta idea ocupa el lugar que debían tener otras en el ánimo del penado, que, ansiando su libertad, no hay cosa que le interese tanto como alcanzarla, ni asunto que al lado de éste le parezca importante. El que ha hecho solicitud de indulto, tiene noticia falsa o verdadera de que alguno para él lo pide; no piensa en otra cosa. Cuenta los días que tarda el correo, las personas que pueden favorecerle, las eventualidades que retrasarán o activarán aquella libertad ansiada, cuya idea es como el centro de su vida mental; no le pidáis que escuche vuestra plática, que aprenda vuestra lección, que medite sobre el mal que ha hecho; piensa en su indulto, como en el agua el calenturiento a quien se le niega.»

En los párrafos anteriores hablamos de *penitenciarías* tratando la cuestión en general, y suponiendo una situación menos desfavorable para el ejercicio del derecho de gracia que aquella en que se encuentra España.

Primeramente, la profusión de indultos y la falta de justicia con que se conceden es un poderoso estímulo para aguardarlos, creciendo así el número de los que, esperando primero y desesperando después, se hallan en una disposición de ánimo del todo opuesta a la que debe tener un penado en camino de corregirse, y que procurase merecer como justicia lo que intenta alcanzar como gracia. El número de los que en semejante situación se hallan no se crea que es insignificante; con prodigarse tanto la gracia de indulto no se concede al uno por ciento de los que la piden, y basta reflexionar sobre este hecho para comprender que a las muchas causas de desmoralización y desorden que existen en los presidios de España, hay que añadir el ejercicio del derecho de gracia.

Presidios hemos dicho, porque, hablando de nuestra patria, ya no puede hablarse *de penitenciarías*. Presidios donde en ociosidad desmoralizadora, o trabajando en condiciones que suelen desmoralizar también a los penados, no hay buen ejemplo de que no carezcan, ni mala condición que no tengan para hacerse maestros en todo género de maldades; presidios en que no basta la virtud para no ser perverso, se necesita el heroísmo. Presidios en que todas las pasiones, desde las más feroces hasta las más viles, hallan estímulos y apoyos, y atmósfera que las hace contagiosas. Presidios llenos de privaciones crueles, de dolores escarnecidos, de alegrías impías, de goces nefandos. Tales son los de España, y esto lo sabemos todos los que de penalidad legal nos ocupamos, y lo sabe todo el mundo. Decimos mal: todos no lo saben; el ministro de Gracia y Justicia debe ignorarlo cuando motiva casi siempre la gracia de indulto en las *Pruebas de arrepentimiento* dadas por el agraciado. Estas pruebas son a veces *evidentes, inequívocas* (al decir de la *Gaceta*).

Si en cosa tan grave y triste pudiera caber la risa, sería risible la cláusula, que parece fórmula muletilla, de *las pruebas de arrepentimiento* tan frecuentes en los indultos corno raras en los indultados.

Es fácil demostrar:

1.º Que el arrepentimiento es cosa bastante rara en los que han delinquido.

2.º Que, aunque fuese frecuente donde hay un buen sistema penitenciario, sería rarísima en España.

3.º Que las pruebas de arrepentimiento *evidentes, inequívocas*, de que hablan las *Gacetas*, no pueden tenerse en una prisión.

4.º Que aun cuando el arrepentirniento fuera una cosa muy común, y el evidenciarlo fácil en penitenciarías bien organizadas, es absolutamente imposible en los presidios españoles.

5.º Que, siendo todo esto verdad, no puede serlo el motivo en que se apoya las más veces la gracia de indulto.

6.º Que, partiendo del error, no puede llegarse a la justicia, ni hacerla.

I. No hay que equivocar el *pesar* de haber obrado mal, por las consecuencias que de ello resultan, con el *arrepentimiento*, que, con saber lo que es, se convence cualquiera de que no ha de ser muy frecuente en los criminales. El arrepentimiento es *una situación del ánimo totalmente diversa y opuesta, bajo el punto de vista moral, a aquella en que se cometió la culpa.* Cuando el arrepentimiento es, como el que se ve en la *Gaceta, evidente, inequívoco,* de arrepentido es *tan otro* el culpable, que a él le parece imposible que sea el *mismo,* y mentalmente se pregunta una y cien mil veces: *¿cómo he podido yo hacer tal hecho?* Cuando esto sucede vienen el dolor, la vergüenza, el remordimiento, *la reacción moral completa,* sin la cual no hay arrepentimiento. Esto lo saben los que han estudiado al hombre en general, y a los criminales en particular, y debieran saberlo otros muchos que lo ignoran. No hay psicólogo profundo, ni moralista filósofo, ni director de penitenciaría entendido y experimentado, que no comprenda la dificultad de una reacción moral completa y no sepa que es muy rara.

II. Aunque esta reacción moral no fuera muy difícil, para verificarse necesita, por regla general, tiempo y circunstancias apropiadas y diferentes de aquellas en que se cometió la culpa. El que vivió en el desorden y tiene una vida ordenada; el que ignoró u olvidó la ley de Dios que se le recuerda o se le enseña; el que vivió en la ignorancia y aprende; el que estuvo en la ociosidad y trabaja; el que vio malos ejemplos y ve ejemplos buenos; el que sufrió injusticia y dureza, y es tratado con justicia y humanidad; el que estuvo rodeado de tentaciones y halla obstáculos para el mal, éste vive en circunstancias propias para el arrepentimiento, que lo impulsan *a ser otro* del que fue, que favorecen enérgicamente la reacción moral, y sirven de sostén, de consuelo y de guía en el difícil camino que conduce a la segunda inocencia. Ésta, en un presidio de España, es un verdadero prodigio.

El penado español que se halla dispuesto a la completa reacción moral que constituye el arrepentimiento, ¿de qué circunstancias se ve rodeado? Ignorante, de ignorancia; irreligioso, de impiedad; holgazán, de ociosidad; duro, de dureza; vicioso, de vicio; apropiador de lo ajeno, de gentes que se apropian lo que no es suyo; injusto, en fin, de cualquier modo que lo haya sido, rodeado de injusticia bajo todas las formas. ¿Y es en semejante foco de inmoralidad donde se creo la completa reacción moral, no sólo posible, sino tan completa como se supone en los decretos de indulto? Sin duda el Consejo de ministros adopta para la curación de las enfermedades de la conciencia el principio homeopático: *similia similibus curantur*; calcula que rodeados de maldades deben hacerse buenos los presidiarios, y deduciendo de aquí que están arrepentidos, los indulta. Si no es posible que piense esto, tampoco lo es que, sin pensarlo, crea hallar con tanta frecuencia arrepentidos donde no puede haber más que depravados, desesperados, empedernidos o víctimas resignadas y pesarosas, no arrepentidas, porque la pena excesiva es uno de los mayores obstáculos para el arrepentimiento; la injusticia que se *recibe* borra o disminuye la impresión de la que se ha *hecho*, y casi la justifica, si no la justifica del todo, en voluntades poco firmes, conciencias poco rectas y entendimientos poco claros.

¿Es necesario decir más para que se comprenda claramente que en un presidio español el arrepentimiento no puede ser sino una especie de prodigio? Y al decir del gobierno, estos prodigios se repiten; meses hay en que se verifican muchos cada día.

III. Aunque un penado esté verdaderamente arrepentido, no se halla en el caso de dar de ello pruebas *inequívocas y evidentes* mientras está preso, sino para el que pueda leer en su corazón, y esto, entre otras causas, por estas dos. La primera, porque el cálculo puede hacer hipócrita al que se dice arrepentido, estando tan interesado en parecerlo, de lo cual hay ejemplos todos los días; la segunda, porque la imposibilidad material en que se halla de reincidir hace imposible saber con seguridad si está arrepentido. Sólo cuando el preso recobra la libertad y no abusa de ella puede saberse, no si está arrepentido, que esto sólo Dios lo sabe, sino si está corregido, si tiene la *honradez legal*, única en que hombres muy experimentados creen, y en todo caso la sola que, por regla general, puede comprobarse. ¿Cuántas veces hay que volver a la prisión a los que habían obtenido por su buen comportamiento la *libertad provisional* en los países en que se halla establecida? ¿Por qué? Porque el hipócrita arrojó la máscara, o el débil en quien no se había verificado la fuerte reacción moral del arrepentimiento volvió a caer. Esto es elemental. A cualquiera director experimentado de una penitenciaría a quien se lo pregunte si un recluso está, no arrepentido sino solamente corregido, responderá: –*Cuando salga lo veremos*.

IV. Suponiendo lo que no es, lo que no puede ser, que el arrepentimiento sea una cosa frecuente, y posible dar de él pruebas *evidentes, inequívocas,* en una prisión y en un presidio español, ¿quién certificará de la situación moral del arrepentimiento? ¿Quién le observará con la perseverancia, inteligencia o imparcialidad que el caso exige, estando materialmente muy cerca de él, y moralmente muy lejos para conocer si el arrepentimiento es verdadero? ¿Serán los *cabos de vara,* capaces de vender a peseta patentes de arrepentimiento a los que sean peores que ellos, si los hubiera en presidio, que no suele haberlos? ¿Serán esos empleados de quienes la *Dirección general de Establecimientos penales* ha dicho, dirigiéndose a la *Junta de reforma penitenciaria*:

«¿Qué medios deberán emplearse para que los funcionarios de presidios *comprendan y ejerzan* su importante y elevada misión en la sociedad moderna?

«¿Por qué caminos se llegará al fin de que no sea *odioso* el cargo de funcionario de Establecimientos penales, con objeto de que *aspiren a desempeñarlo quienes tengan todos los merecimientos necesarios y todas* las condiciones *indispensables* para dirigir cualquiera de estas casas?»

Es decir, que la Administración sabe y confiesa de oficio, o imprime y publica, que los empleados en presidios no *ejercen* su importante misión, ni la*comprenden*; confiesa que no tienen los merecimientos *necesarios,* ni las condiciones *indispensables*, y, por último, confiesa que su cargo es *odioso.* ¿Y con tales empleados hay medio de saber la situación moral del penado, si está arrepéntido, y si ha dado de ello pruebas *evidentes, inequívocas,* como dice la *Gaceta?* ¿Cómo puede dar crédito el Gobierno. al informe de funcionarios cuyo descrédito publica él mismo? ¡Y no pudiendo averiguar la verdad sino por ellos, afirma que la sabe! Y si un hecho, para ser creído, ha de ser tanto más probado cuanto es menos probable, ¿cómo una cosa tan inverosímil como el arrepentimiento evidente, inequívoco, de un presidiario español, se cree sin más prueba que el informe de quien se sabe que no merece fe? ¿Cómo en el Consejo de ministros, donde se aprueban los decretos de indulto, el de la Gobernación no ha dicho la situación de nuestros presidios a sus compañeros, si acaso son los únicos españoles que no lo saben, aunque más que ningún otros están obligados a saberla? ¿Cómo no les ha hecho presente que es un contrasentido, y algo más, de un lado, las pruebas evidentes de arrepentimiento publicadas en la *Gaceta*, y de otro el descrédito de los que han de informar sobre ellas, consignado en documentos oficiales por una Dirección de un Ministerio? No podemos comprender el cómo estas cosas suceden; lo único de que desgraciadamente no puede dudarse es que así pasan, y que el derecho de gracia se ejerce apoyándose sobre un hecho inverosímil, que se cree en virtud del dicho de quien se sabe que no merece crédito. ¿Tiene, por ventura, el señor Ministro de Gracia y Justicia otro medio de investigar si los presidiarios que indulta por arrepentidos lo están, que el de preguntárselo a los empleados de presidio? Y aunque todos no merezcan, que seguramente no merecerán, el descrédito con que los ha desautorizado la Administración, ¿cómo se sabe dónde están y cuándo informan los que *comprenden* su misión, y pueden *ejercerla* dado el estado de los establecimientos penales?

V. Siendo, como es, cierto lo dicho, el fundamento en que se apoyan la mayor parte de los indultos es una ilusión, o un sueño, o una inocentada, o un error, o una contradicción, o un absurdo; no sabemos lo que es; lo que sí nos parece saber con evidencia, es que no es, que no puede ser una verdad.

VI. *Visto el expediente de tal y tal*, dicen los decretos de indulto: cierto; el expediente se ve o puede verse, pero lo que no se ve ni se puede ver, son las circunstancias del agraciado, ni la verdad de lo que alega, y sucede lo que indefectiblemente ha de suceder: que, partiendo del error, se llega a la injusticia.

Por nuestra parte, podemos certificar que, cuando hemos visitado y visto muy de cerca prisiones de mujeres, algunas pocas que merecían rebaja no la obtuvieron porque no tenían favor; y en cuanto a las empleadas, su informe debería ser contraproducente, es decir, tener por malas a las reclusas que calificaran de buenas. No hemos conocido más que una empleada a propósito para el cargo que desempeñaba, y le desempeñó muy poco tiempo: la dejaron cesante, y no ha sido posible lograr su reposición.

A un hermano suyo, tan honrado y digno como ella, le sucedió lo propio en presidios. Y cuando así premian en el ramo la honradez y los buenos servicios, ¿es posible tener muchos servidores honrados? Y no teniéndolos, ¿sobre qué base se *instruyen* esos expedientes de indulto que no pueden servir más que para lo que se llama *cubrirle*, dejando la sinrazón y la injusticia muy al descubierto?

Si hubiera estadística reciente, tomaríamos de ella números que no dejarían de ser significativos; pero la atrasada no hace a nuestro propósito, porque podría objetársenos que las cosas van mejor que iban hace diez o quince años. Ocurriónos registrar las *Gacetas* desde la publicación de la última estadística criminal; pero el trabajo, sobre ímprobo, habría sido de poca utilidad, toda vez que personas que merecen crédito afirman *que no se publican en la «Gaceta» la mitad de los indultos que se dan*, y así lo ha impreso bajo su firma nuestro amigo D. Pedro Armengol, tan competente en estas materias y partidario del derecho de gracia.

No pudiendo pedir auxilio a la estadística, ni prescindir de los hechos, hemos tomado nota de los indultos, conmutaciones de pena y rebajas publicadas en la *Gaceta* en el año de 1877, no con el objeto de dar un número que resultaría inexacto, sino a fin de hacer un análisis que, aunque muy defectuoso, tal vez no sea enteramente inútil. Para que este análisis fuera lo que podía ser se necesitaba una posición que no tenemos y medios que nos faltan. Era preciso tomar la filiación, por decirlo así, a cada indulto; seguirle paso a paso; ver por qué móviles se inició el expediente, y por qué medios se llevó a buen término la pretensión. No dudamos que esta historia detallada y verídica sería un argumento acaso concluyente, de seguro muy poderoso; pero no podemos hacerla, nos faltan datos. Estamos, pues, reducidos a algunos recuerdos, como puede tenerlos cualquiera, porque nunca habíamos pensado ocuparnos de este asunto y al examen de las *Gacetas*. Nos limitaremos, conforme queda dicho, a las del año de 1877, para que no se diga que nuestros cargos pertenecen a la historia, y porque unos años se parecen muchos a otros, por desgracia.

No examinaremos uno por uno los indultos, porque no tendría objeto repetir las mismas observaciones respecto a casos iguales o muy parecidos.

En vez de analizar una a una las gracias, y repetir enojosa o inútilmente las mismas observaciones sobre casos iguales o muy semejantes, los clasificaremos; el objeto de la clasificación será la mayor claridad y el poner de manifiesto la injusticia de las leyes, o la de anular los fallos de los tribunales con gracias que se conceden por motivos que de ningún modo pueden considerarse como razones. Así, pues, cada indulto que citamos significa otro y otro, y muchos iguales o muy parecidos; es la muestra, y atendiendo sólo a diferencias dignas de notarse, hemos formado las siguientes clases:

1.ª HOMICIDIO.- Se impone al reo la pena de *catorce años de reclusión*; es conmutada por *igual tiempo de extrañamiento*. La razón que se da para esta gracia es *el largo tiempo trascurrido y que el agraciado se presentó voluntariamente*. ¿Y por qué se presentó? ¿Sería en virtud de arrepentimiento, de ese que suele figurar en la *Gaceta*? Ignoramos de qué elementos se compone este arrepentimiento *oficial*; pero el *moral*, el verdadero, impresiona tanto*menos* cuanto hace *más* tiempo que se cometió la culpa; su recuerdo, si no se borra, se atenúa; el hábito de vivir con él le va embotando, y la conciencia logra al fin vivir con aquel desdichado compañero, si no enteramente en paz, con bastante calma para preferir la impunidad a una expiación terrible. Esto es bastante elemental.

Resulta, pues, que *el largo tiempo trascurrido*, que se da como razón para la gracia con la presentación voluntaria, indica claramente que ésta debe haber sido efecto de cálculo, y no del arrepentimiento, que no se hubiera realizado sin la seguridad del indulto, y que este caso será probablemente parecido al citado por el Sr. Armengol, cuando dice: «En mi experiencia en el foro, puedo hacer mención de un caso singular. Un reo fue condenado en rebeldía por homicidio calificado, a cadena temporal en grado máximo; continuó ausente por espacio de catorce años, y cuando se presentó al tribunal éste había ya recibido un decreto por el cual se cofimutaba la pena que se le impusiera en definitiva, y se fijó el extrañamiento porque durante aquel período el reo se había establecido en el extranjero; allí ejercía una industria muy lucrativa, y al fin y al cabo venía a ser ilusoria la pena que se le imponía. El tribunal hubo de acatar el decreto de conmutación, y el homicida, no sólo insultaba con su descaro a la familia del interfecto, sino que se burlaba de este fallo, que no hacía sino confirmarle en el ejercicio de un comercio tan provechoso. He aquí demostrada de paso una consecuencia del abuso del derecho de gracia[5].»

Mientras otra cosa no se pruebe, creeremos que estos arrepentimientos tardíos de delitos graves, estas presentaciones voluntarias, después de las cuales viene la conmutación de los años de presidio por años de extrañamiento, son una manera de burlarse de la justicia, y de ponerse *en regla* para evitar las eventualidades, ya de la extradición, ya de otros perjuicios que pueden resultar al que en su país está bajo la acción de los tribunales.

2.ª HOMICIDIO Y LESIONES.- Se impone al reo la pena de *catorce años y ocho meses de reclusión*; es conmutada por *seis años de destierro a veinticinco kilómetros* del lugar donde se cometió el delito.

La razón que se da para esta gracia es la conducta anterior al delito, el consabido *arrepentimiento* y el tener el reo *sesenta años y una hija sin otro amparo*. La edad del reo nos parece una circunstancia agravante, máxime tratándose de lesiones y de homicidio. La violencia de las pasiones, la poca reflexión, la falta de experiencia de la vida, que en un joven pueden atenuar la culpa en delitos a que impulsan la violencia y la ira, no pueden disculparlos en un anciano, cuyas manos, tintas en sangre de semejantes, contrastan con sus cabellos blancos; siendo más repulsivo porque realmente es más culpable que dé sangrientos escándalos el que debía dar saludables ejemplos, y el que, con un pie en el sepulcro, emplea un resto de vida en privar de ella a otro hombre. En cuanto a la circunstancia de tener una hija, de la edad y circunstancias del padre se infiere que éste no ha de ser muy eficaz apoyo, ni muy saludable ejemplo; en todo caso, si las consideraciones de familia han de servir para eximir de pena a los criminales, no pueden quedar en presidio más que los incluseros que no se hayan casado. Todos los demás tienen, por regla general, padres, esposas, hijos, de quienes debían ser el sostén y la alegría, de quienes son la vergüenza y el dolor, y procede su impunidad, o no procedía la del agraciado a que nos referimos. El perjuicio y, lo que es peor, la deshonra y la amargura de los inocentes que aman al criminal, es un terrible impenetrable misterio que no es dado penetrar al ningún hombre y un mal que no puede remediar ningún poder; en todo caso, si el que ejerce en España el derecho de gracia intenta ponerle remedio, que sea con la igualdad que reclama la justicia, y que ésta quede desarmada ante todo criminal que tenga hijos. Decimos *desarmada*, porque conmutar *catorce años y ocho meses de reclusión* (presidio) por *seis de destierro a veinticinco kilómetros* como en el homicida agraciado, es la impunidad.

3.ª DOBLE ASESINATO.- Se rebaja la cuarta parte de la pena de treinta y ocho años de cadena; la razón que se da para esta gracia son *los servicios prestados contra los moros fronterizos, que se recompensaron con* LARGUEZA *a los compañeros de infortunio* del agraciado.

España, la que tantos buenos hijos da para que peleen y sucumban en los campos de batalla; España, la que no niega nunca brazos honrados para que sostengan su bandera y empuñen sus armas, debe ver con asombro que se ponen en manos de los presidiarios, de los dos veces asesinos; debe sonrojarse de que parezca que la representan en los combates y la sostienen contra el extranjero semejantes defensores, *recompensados con largueza*, mientras sus campeones dignos no obtienen recompensa alguna; debe indignarse de que su bandera cobije, confundidos, al soldado pundonoroso y al asesino vil, escarneciendo a un tiempo la moral, el honor y la patria.

España debe admirarse también del sistema de corrección empleado con los horabres sanguinarios, que se llevan adonde se enardezcan sus instintos feroces, a pelear con el moro, a una guerra salvaje, para que hieran y maten y se sacien de sangre, y sean recompensados por ello.

4.ª ROBO Y HOMICIDIO.- Cinco reos *de pena capital*, que se conmuta en *cadena perpetua*. La razón que se da para esta gracia es que los reyes de España solemnizaron siempre el día de Viernes Santo, en que la Iglesia conmemora el augusto misterio de la Redención del género humano, con el perdón de algún reo condenado a la pena de muerte, piadosa costumbre que es muy grata al corazón del jefe del Estado continuar observando.

Aquí aparece bien claro el anacronismo, el concepto equivocado del derecho, el doble error de suponer que la *justicia* es *venganza* y puede*perdonarse*, y que el jefe del Estado la personifica, y es él solo la ley, toda la ley.

Si la costumbre de *perdonar* el Viernes Santo es *piadosa*, ¿por qué limitarla al acto de la adoración de la Cruz? ¿Por qué no se *santifican* todos los días perdonando? ¿Por qué no repetir este acto de piedad que no exige ni sacrificio ni esfuerzo de parte del que lo realiza? Se dirá que no puede repetirse porque no sería *justo*. Y una cosa que es en sí *buena*, ¿cómo ha de ser mala repetida en *idénticas circunstancias*? Bajo el punto de vista jurídico, ¿qué diferencia hay entro el Viernes Santo y cualquiera otro día? La justicia, y nada menos que cuando se trata de la vida de los hombres, ¿puede limitarse a un día del año, y un reo irá al patíbulo o no, según que la Cuaresma caiga alta o baja?

Esto no parece jurídico, no parece serio siquiera, pero es trágico; porque si el Viernes Santo llega antes de que se falle la causa o después que el fallo se ejecutó, los reos no pueden ser indultados y mueren en el patíbulo. La lógica, lo mismo que la humanidad y el derecho, llevan a santificar todos los días como el Viernes Santo, y a perdonar mientras haya alguno que para no morir necesite perdón, ya que se tiene tan menguada idea de la justicia que se la supene dependiente y supeditada a la gracia.

En el caso que nos ocupa, esta gracia no se aplicó ni aun con la justicia relativa de que era susceptible. Si se indultaran todos los reos de pena capital, bien indultados estaban los cinco ladrones homicidas; pero no indultándose todos, ellos eran los últimos que debían recibir gracia; pcrque si la pena de muerte se aboliera para todos los casos menos para uno, éste debía ser el del asesino ladrón. Y debieron serlo en cuadrilla los agraciados, y la circunstancia de ser tantos hace temer que el crimen las tuviese muy agravantes. Bien perdonados están y Dios les perdone, y ellos merezcan, enmendándose, la misericordia divina; pero mal ejecutados están todos los que no se indultaron, de los cuales apenas habría uno que fuera más culpable, y algunos lo serían seguramente mucho menos. De manera que el derecho de gracia, no sólo parece que va a ciegas, sino que, en ocasiones, tiene vista y la emplea en buscar el camino peor que sigue.

5.ª LESIONES GRAVES.- La pena de dos años y cuatro meses de prisión correccional se conmuta en *igual tiempo de destierro d treinta kilómetros*del sitio donde se cometió el delito. La razón que se da para esta gracia son *los servicios prestados contra los carlistas*. ¿Qué pensarán de esta razón los millones de españoles partidarios de D. Carlos? ¿Qué pensarán los centenares o las decenas de españoles que tienen ideas de derecho? ¿Por ventura el jefe del Estado no lo es do la nación, sino de un partido, y en nombre de él hace gracia a costa de la justicia, que está, que debe estar al menos, sobre los partidos, fuera de las vicisitudes políticas, exenta de las alternativas que son consecuencia de la suerte de las armas? ¿Qué va a ser del derecho si el partido que manda le tuerce a medida de sus pasiones, de sus simpatías, de sus cálculos, y si hay criminales de los *nuestros* que se apadrinan y criminales de los*contrarios* que se abruman? ¿Cómo el gobierno de una nación viene casi a rebajarse a la categoría de *cabecilla*, si no por lo cruel, por la falta de elevación y de imparcialidad? No sabemos cómo sucede esto, pero vemos repetidamente motivada la gracia de indulto *en servicios contra los carlistas*.

6.ª ADULTERIO.- Tres años y siete meses de prisión correccional: *indulto total a petición del ofendido.* Ya sabemos que el indulto aquí procede en ley, pero no en justicia, que debiera ser la norma de los procedimientos legales, y no la *voluntad del ofendido*. Si el adulterio es un delito, debe perseguirse de oficio, como el robo y el asesinato; si no lo es, no debe perseguirse porque así lo *quiera* el que tal vez es moralmente cómplice impulsador del delincuenle. ¿Y el honor de las familias? ¿Y el sagrado del hogar? ¿Y la paz de los matrimonios, que iría a turbarse en nombre de la ley? Y ¿por qué se turba la paz de los que hacen moneda falsa, y la que podrían tener los ladrones si no fueran perseguidos? *Paz a los hombres de buena voluntad*, sí; pero respetar la de los perversos, auxiliarles para que puedan tenerla cuando la conciencia debía hacerles cruda guerra, y dejarlos tranquilos en el goce legal de sus iniquidades. ¿Cuál es la santidad del hogar donde se falta a la fe jurada, a la ley de Dios, escarneciendo la virtud en vez de darle culto? En cuanto al honor, la maledicencia se anticipa a empañarle antes que la ley compruebe la profanación del tálamo nupcial. El ofendido, unas veces *denuncia* el delito, otras le *tolera*, otras le *explota*. Sí, le *explota*; todos sabemos de casos de esta infamia, que la conciencia anatematiza; todos sabemos de ofendidos que saborean su infamia como un manjar delicioso, y beben a la salud del que los cubre de ignominia; todos sabemos de familias cuya paz y cuyo honor respeta la ley, que no tienen honor ni merecen tener paz, y convierten el sagrado del hogar en piedra de escándalo. Si la explotación del delito por quien tiene derecho a perseguirle no es el caso más frecuente, la ceguedad imbécil, la tolerancia vil, son la regla, y la excepción rarísima que el adulterio se pene. No hemos visto nunca ninguna mujer penada por adulterio sin preguntarnos: Y ¿por qué ésta se encierra, y aquélla y la otra y tantas andan sueltas y son personas principales y consideradas? Porque tal es la voluntad del ofendido; y una voluntad que no es recta, que se sabe que no lo es, ¿se autoriza por la ley para que se sobreponga a la justicia? Es el más absurdo anacronismo dejarla en su mano y reunir los inconvenientes de la barbarie a los de la civilización para que den por resultado rigores excesivos y vergonzosas condescendencias. Si no se persigue de oficio el adulterio, que no se persiga de ningún modo, y que la ley, como un esclavo vil, no siga al ofendido y le obedezca, instrumento de su ira o espectadora complaciente de su infamia. En el caso de indulto que nos ocupa, y otros análogos, si el ofendido tuvo razones para perseguir, ¿cómo las tiene para perdonar? ¿Qué se propuso con el proceso? ¿Dar mayor publicidad a su deshonra? ¿Satisfacer su ira? ¿Poner condiciones a su perdón? No se comprende que pueda tener ningún móvil racional quien reclama los rigores de la ley para semejante delito y luego pide que se indulte; lo único que aparece bastante claro es que la ley no debe prestar su apoyo a tan injustas veleidades.

7.ª TRES ROBOS.- *Once años de presidio.* La Sala propone el indulto total; se indulta la mitad de la pena en vista de la buena conducta del agraciado antes y después de cometer el delito, y de que ha sufrido más *de siete años de prisión preventiva.* Haremos notar que en este caso, como en otros, los tribunales que condenan a penas graves aconsejan, no sólo su disminución, sino el indulto total de ella. Aunque se califique de pesadez nuestra insistencia, hemos de repetir que es inmoral, y, por consiguiente, injusto, atenerse a la letra de la ley contra el testimonio de la conciencia, firmar la condena y aconsejar o pedir el perdón.

En cuanto a tener a un acusado más *de siete años* pendiente de fallo, es cosa que difícilmente se podría calificar con palabras si hubiese sufrido la prisión preventiva en una cárcel en que hubiera orden; pero siendo en una cárcel española, semejante injusticia, que subleva la conciencia y aflige el corazón, se abomina sin hallar frases bastante duras para calificarla. Más de siete años en una cárcel española, especie de pozo inmundo que recoge las sangrientas inmundicias que a él afluyen en abundancia. Allí la venalidad tolera o abre, la puerta a los que pueden pagarla; la codicia tortura a los que no la pueden aplacar; la inmoralidad es complaciente con todos los vicios, y la crueldad se ríe de todos los dolores. ¡Más de siete años en una cárcel española, ese oprobio que no es remordimiento porque no hay idea clara del deber! ¡A una víctima del atentado permanente contra el derecho, descubierta por casualidad, se la alivia un poco, y centenares y miles continúan *pudriéndose* en la cárcel, sin que se haga nada para que las causas se activen; nada para exigir estrecha responsabilidad a los que las dejan dormir; nada para evitar trámites inútiles, y en vez de disminuir, como se podía y se debía, los casos de privación de libertad, se piensa en dar mayor extensión a la prisión preventiva! ¿Dónde está la razón y la conciencia del que lleva un hombre sin necesidad absoluta a una cárcel española?

8.ª VARIOS ROBOS.- *Veintitrés años de presidio.* El penado ha extinguido *veintidós y cinco meses,* y se le perdonan *los siete meses restantes.* Aquí no puede menos de ocurrirse la pregunta: Si el derecho de gracia tiene por objeto templar el excesivo rigor de las leyes, ¿cómo no ha llegado antes a consolar a esa pobre víctima *de la acumulación de las penas?*

Entro ella y una persona que la visita en la cárcel después del fallo, se entabla el siguiente diálogo:

Penado.- Pero, señor, el robar, aunque sea varias veces, ¿es tan malo como matar?

Visitador.- No, seguramente.

P.- Entonces, ¿cómo se le impone mayor castigo? Fulano y zutano han matado, y a uno le han impuesto ocho años y a otro doce; a mí veintitrés, que es, como quien dice, prisión perpetua. ¿Quién no se muere antes de que pasen, según dicen que están los presidios? Dígame usted, ¿cómo sucede así?

V.- Por la *acumulación de penas.*

P.- ¡La acumulación de penas! Y ¿qué es esto?

V.- Es que se anota la que corresponde a cada delito cometido por la misma persona, luego se suman, y el total es la pena impuesta. Seis robos, a cinco años cada uno, treinta; número redondo.

P.- Yo no puedo explicarlo; pero siento y sé que eso es una injusticia, porque esa acumulación de penas no me hará a mí creer que debo sufrir una mucho mayor que los que son peores que yo. Y ¿no hay remedio para esto?

V.- Procurar el indulto o la rebaja.

P.- Pero yo no tengo padrinos, señor.

V.- En ese caso…

P.- Me morirá en presidio viendo salir de él a los que han matado, o lo que todavía es peor, viviré allí veintitrés años…

El penado *siente* en este caso la injusticia de la pena; procuremos *comprenderla* reflexionando un poco.

Cuando los jueces van enumerando los delitos cometidos por una misma persona, anotando los años de presidio que corresponden a cada uno, y, sumándolos, imponen el total, más que hombres administrando justicia, se nos figuran esas máquinas que hay para abreviar las operaciones de aritmética. Dadles ciertos datos numéricos, colocadlos de cierto modo, y el mecanismo trabaja y os dan rápidamente el resultado. Salvo la rapidez, lo mismo hacen los tribunales al acumular las penas. Hemos conocido un juez, y muy recto, que estaba un día dudoso y muy preocupado sobre cuántos años de presidio correspondía a un falsario a quien había penado ya con *ciento y tantos*; no recordamos el pico, pero sí que no era insignificante. El tener una misma persona *dos cadenas* PERPETUAS es caso frecuente. Al considerar semejantes cosas, el buen sentido asombrado pregunta: ¿Qué es esto? Y la conciencia no sabe qué responder, o la mano no se atreve a escribir lo que la conciencia responde.

Cualquiera que sea el modo de juzgar al que infringe las leyes, aunque se pertenezca a diversas escuelas y se parta de diferentes principios, siempre se vendrá a considerar en el culpable dos cosas o una de ellas.

La culpa que tiene, el daño que hace.

La culpa, sumada con otra y otras de *su clase*, no puede dar por resultado una *de clase diferente y más grave.* No son unidades que cada diez formen una de orden superior, sino cantidades *heterogéneas* que no pueden sumarse unas con otras.

Un hombre que vende billetes falsos de la lotería, aunque los venda una, dos, cien, mil veces, no hará que su culpa sea tan grave como la del que roba con violencia atacando a las personas o las mata. La repetición de un mal hecho aumenta su gravedad, pero dentro *de su clase*; es una *circunstancia agravante*, no un elemento que pueda cambiar radicalmente la esencia de la culpa. La repetición del hurto no forma un temible bandolero, un abominable secuestrador; la repetición del robo sin violencia no puede equivaler a la perversidad del que premeditadamente mata. No hay que insistir sobre esto; basta presentar la cuestión para que el buen sentido y la buena conciencia la resuelvan conforme a justicia, y quede sentado que la culpa del que roba sin violencia muchas veces, no puede llegar a ser tan grave como la del que asesina una sola.

El *daño*, por una dichosa armonía, se relaciona íntimamente con la *culpa*. Nadie se da por tan perjudicado porque le estafen, como porque lo hieran; todos prefieren ser robados cien veces a ser muertos.

Y siendo todo esto tan claro, tan sencillo; si ni la culpa ni el daño de quien repite un mal hecho es tan grande como el daño y la culpa del que consuma una maldad en grado superior, ¿prescindirá la pena de la culpa y del daño, y abrumará a los menos culpables en virtud de no sabemos qué cálculos? ¿Qué mecanismo jurídico, qué terrible aparato es el que, al girar, deja caer sobre un mísero años y años de presidio que se habían colocado en la casilla de la acumulación de penas? Si hay en esto injusticia, y para nosotros no cabe duda de que la hay, como a los que contribuyen a ella les concedemos buena fe, preciso será suponer que parten de algún error. Parece que se han dicho: Si por *un* robo se imponen *cuatro* años de presidio, a seis robos corresponden *veinticuatro* años, esto es claro. Muy claro para el que, al juzgar al hombre, sustituya la aritmética a la psicología y a la moral; muy obscuro, o mejor dicho, muy absurdo para quien no haga esta sustitución.

El hombre, en la superior unidad que constituyen los elementos morales, intelectuales o instintivos que le componen, es *uno*, y el *mismo* cuando*realiza* un mal hecho y cuando le *repite*.

El hombre no tiene una capacidad *infinita* ni para el bien ni para el mal, sino que está *limitada*, lo mismo en el que *hace padecer*, que en el que*compadece*. Una persona compasiva ve a un herido, y se aflige al verle; ve ciento, doscientos, y no puede afligirse cien, doscientas veces más que a la vista de uno solo. Sentirá pena mayor, acaso mucho mayor, pero no en proporción del *número* de las desdichas que la causan. Llegará un punto en que su creciente dolor compasivo no podrá *crecer*, y llegado este *máximum*, sufrirá lo mismo ante el espectáculo de diez mil heridos que de veinte mil; su razón le dirá que en el segundo caso es una desgracia doblemente deplorable, pero su corazón no se afligirá el doble, porque no puede sentir más. Con las satisfacciones sucede lo propio si se repiten; aumentan, pero no se suman; crecen, y llega un punto en que no pueden crecer, en que *complacen*, pero no *alegran*, porque para la alegría, lo mismo que para el dolor, como para todo, el hombre tiene una *capacidad limitada*. ¿Cómo suponer que esta limitación desaparece en el que obra mal? Así como la enfermedad no varía en las leyes del organismo humano, sino que altera las funciones de uno o más órganos, del mismo modo el delito que extravía al hombre no le cambia *radicalmente*, no le hace del todo distinto, porque, si así fuera, ¿cómo se le podría juzgar ni se le intentaría corregir? El delincuente es un hombre más o menos extraviado, más o menos culpable; pero un hombre al fin, y como tal no tiene ningún poder ilimitado, ningún poder infinito. Como ni el dolor ni la alegría pueden ser proporcionales a los objetos plácidos o lamentales, ni crecer infinitamente, del mismo modo la culpa no crece en proporción a los hechos culpables, de modo que pueda sumarse en la medida que se repiten.

Esto puede demostrarse. ¿No es evidente que hay una diferencia *esencial* entre la conducta del hombre honrado y la del que roba *una vez*, y que esta diferencia esencial no existe en el que roba una vez y el que *roba dos*? Entre la inocencia y la culpa hay un abismo, entre la repetición de las culpas no hay abismos ya, por desgracia; no hay más que grados, y a veces pendientes resbaladizas. La maldad del ladrón no crece a medida de las veces que roba; si pudiera representarse por números y se dijera que al pasar de la inocencia al primer delito era culpable como ciento, cometidos diez delitos no podría decirse que era culpable como mil, porque seguramente habría mucha más diferencia de la honradez a la *primera* infracción legal, que de ésta a la décima.

El hombre sobre la tierra no vive en la eternidad, sino en el tiempo; no puede olvidarse esto y condicionar su vida breve como si fuera eterna.

Si todo esto es cierto, ha de ser erróneo, y por consiguiente injusto, acumular penas que sumen más años de los que el penado pueda vivir; imponerlo dos cadenas *perpetuas* como si él tuviera *dos existencias*, y sumar la pena en proporción a las veces que repite la infracción de la ley cuando la culpa no sigue, no puede seguir esta proporción ni crecer indefinidamente. Por resultado de todos estos errores se imponen penas que evidentemente no se pueden cumplir porque no basta la vida, y otras que se cumplen con notoria injusticia, puesto que se pena más una moralidad menos pervertida y un daño menor, como en el caso citado, que se repito con frecuencia, en que el reo de varios delitos relativamente leves resulta mucho más penado que el que consumó un delito grave.

Tal vez se nos diga: *¿y los reincidentes?* La reincidencia es una cuestión social y penitenciaria más bien que de derecho penal: no podemos tratarla aquí sin salirnos de nuestro asunto, y sólo diremos que no debe equivocarse la *pena nuevamente* impuesta al reincidente, con la *acumulación* de penas. Una de dos cosas:

O la pena ha sido moralizadora, o la pena ha sido desmoralizadora.

En el primer caso, la reincidencia será rara si el que vuelve a la sociedad no es rechazado por ella o impulsado de algún otro modo a repetir la acción ilegal, y estas excepciones a que se debe atender en justicia, ni pueden alegarse contra ella, ni darse como punto de partida para establecer reglas de derecho.

En el segundo caso, cuando la pena desmoraliza y la sociedad rechaza al que ha desmoralizado, tiene en la reincidencia una evidente complicidad moral, y todo lo que sucede entonces es asunto más de hecho que de derecho, y del cual no tenemos para qué tratar aquí.

En apoyo de estas o de las otras teorías se citan casos de reincidentes que lo son cincuenta, ochenta y hasta cien veces. En Inglaterra, el secretario de la *Sociedad Howard*, visitando la prisión de York-Castle, halló en ella una penada que había reincidido CIENTO CUARENTA Y NUEVE VECES.

Haciéndose cargo de estos hechos, dice *mister William Tallack*: «No obstante, con motivo de estas frecuentes condenas, importa observar que *vale más precaver que curar*, y la causa principal es el excesivo número de despachos de cerveza y ginebra, que precipitan al hombre en la degradación del vicio y la locura del crimen. Por ejemplo, Liverpool es una de las ciudades cuyos magistrados han pedido penas más severas contra los delincuentes. Ahora bien; en esta ciudad, de crimen y embriaguez vergonzosa, algunos magistrados, y aun de los principales y más considerados, figuran *entre los principales tratantes en bebidas alcohólicas, y son dueños de veinte y hasta de cincuenta* despachos de ginebra»[6].

En España se dirá que no pasan estas cosas; y así es, por fortuna; mas, por desgracia, pasan otras. Jueces que condenan a presidio a los contrabandistas, fuman de contrabando y celebran con las señoras su destreza para ocultar la rica tela al pasar la frontera; conspiradores, condenan por delitos de sedición y rebelión; jugadores de lotería, a los que venden billetes falsos; adúlteros, por adulterio, etc., etc. En España, personas principales y timoratas alquilan *ventajosamente* sus casas para que lo sean de prostitución y de juego, sin que les remuerda la conciencia por esta complicidad con el vicio que conduce al delito, y con el delito mismo. La reincidencia no es argumento admisible al discutir la acumulación de éstas, porque es una cuestión grave, gravísima, pero diferente.

9.ª FALSEDAD.- *Diecisiete años, cuatro meses de cadena*, conmutada por *dos años de presidio correccional*. Esta gracia se concede a instancia de la Sala de lo criminal, y porque el reo y varios cómplices, también agraciados, obraron con *escasa malicia* y no *hubo perjuicio*. En otras conmutaciones análogas, también a instancia de la Sala de lo criminal, se habla igualmente de la *falta de malicia y del ningún daño*, por lo cual la pena resulta *notablemente excesiva*. Y si es así, ¿por qué se impone? ¿Son los tribunales de justicia locomotoras sin maquinistas, que, una vez puestos en movimiento por los artículos del Código penal, atropellan todo cuanto se encuentra en la vía, aunque sean los principios más elementales de derecho? ¿Cómo se condena a diecisiete años de cadena (puede decirse a cadena perpetua) a un hombre que obró con *escasa malicia y no perjudica a nadie*? ¿Cómo puede hacerse esto? Y el Gobierno, que ve que estas monstruosidades jurídicas se repiten, ¿cómo no ve la necesidad de modificar las leyes, cómo no recuerda lo que dicen los mismos partidarios del derecho de gracia, *que la necesidad de recurrir a él con frecuencia demuestra la de modificar las leyes?*

10. DETENCIÓN ARBITRARIA.- *Ciento doce pesetas de multa.* Se indulta de la pena. La razón que se da para esta gracia es la buena conducta del agraciado y que ha dado *pruebas de arrepentimiento.* Certificaría de ella su *familia,* porque no es probable que estuviera preso; y si lo estaba, lo haría algún alcaide de esos que se encuentran con frecuencia, y que a veces hacen impunemente méritos para ser encausados. Los muchos indultos del pago de penas pecuniarias, si no son un abuso, son, como decíamos más arriba, una advertencia de la necesidad de suprimirlas, al menos en muchos casos en que se aplican, y cuya injusticia parece notoria. En cuanto al *arrepentimiento* aplicado a estos pecadores, sería cosa ridícula si en asuntos tan graves pudiera haber lugar a la risa. Es notable la facilidad para creer en el arrepentimiento que tiene el Gobierno, lo mismo si se trata de expiar en el patíbulo un crimen horrendo, que de pagar algunas pesetas. El Sr. Ministro de Gracia y Juscia sin duda no es de la misma opinión de aquel experimentado magistrado francés[7], que decía: *El arrepentimiento, esta gran victoria sobre sí mismo, es lo que exige más fuerza.*

11. VIOLACIÓN.- *Diecisiete años, cuatro meses de reclusión,* conmutada por *seis meses de prisión correccional.* La razón que se da para esta gracia *es el deseo de la parte agraviada, que equivale casi al perdón.*

El perdón de la parte ofendida se alega con mucha frecuencia en los decretos de indulto como motivo para concederle, y aunque en algunos casos puede ser esto legal, en ninguno es justo. Semejante proceder es un anacronismo, una reminiscencia de los tiempos bárbaros, en que el ofendido y su familia castigaban al ofensor; es la venganza pública armándose o desarmándose según las iras y las debilidades de la venganza privada; es el olvido de todo recto concepto de la pena. Si no se consulta al ofendido para imponerla, ¿por qué ha de prevalecer su voto para relevar de ella? Si no se le complace cuando colérico pide crueldad, ¿por qué se le ha de atender cuando decreta impunidad? El que un ofendido sea más compasivo o más cruel, más sañudo o más blando, ¿puede ser razón para condenar o absolver, y para sustituir los principios de justicia por la apatía o la pasión del interesado? Si es un principio jurídico de sentido común que *nadie es juez en su propia causa,* que *nadie puede ser juez y parte,* ¿cómo la parte se convierte aquí en árbitro influyente unas veces, omnipotente otras, y que a medida de su voluntad deja a un delincuente libre o le envía a presidio? Esto es mucho más que ser juez en causa propia; el juez tiene leyes a que ha de sujetarse, y superiores que pueden exigirle responsabilidad si no se ajusta; la parte ofendida no tiene más regla que su voluntad torcida o recta, y a nadie responde del uso que haga de tan absoluto poder.

¿Ha habido justicia o no para imponer la pena que se disminuye o que se suprime por la voluntad del ofendido? Si lo segundo, no pudo imponerse; si lo primero, no puede perdonarse. El perdón del ofendido es una cosa moral que de ningún modo puede tener efectos *legales*, porque la justicia que obliga a todos no es propiedad de nadie, y ninguno puede disponer de ella. Que el ofendido perdone, que no guarde rencor, que no se vengue aunque pueda, que haga bien al que le hizo mal, todo esto es generoso, humano, y en casos podrá ser virtuoso y hasta sublime, pero es siempre *personal*; y como la justicia no lo es; como es obligación de todos para todos; como es la sociedad la encargada de definirla y aplicarla; como no puede dejarse en manos de los individuos para que cada uno la realice a medida de su pasión, su cálculo o su ignorancia, el perdón del ofendido puede ser una acción meritoria para el que perdona, jamás una regla jurídica para el que juzga.

Si no hay justicia para penar, no debe penarse, aunque el ofendido lo quiera y lo pida; si la hay, la pena debe cumplirse. ¿Cuál es su objeto? Aun partiendo del exclusivismo de diferentes escuelas, uno de estos tres:

Que el penado se corrija;

Que el penado expíe su delito;

Que el penado escarmiente y sirva de escarmiento.

Claro está que la pena que se perdona no es *correccional*, ni *expiatoria*, ni *ejemplar*. El perdón es un buen ejemplo, un acto de generosidad que puede inspirar gratitud; pero no es educador, no puede constituir un medio de corrección, y menos producir un sufrimiento equivalente a la culpa y que retraiga de repetirla al que la cometió una vez, y de incurrir en ella a los que saben que puede borrarse por la voluntad del ofendido.

Desde el momento en que hay leyes, tribunales y fuerza pública, el ofendido no tiene derecho más que a declarar la verdad, a que se la indemnice en cuanto sea posible, y a que *se haga justicia*; no a que se *le haga*, porque no es suya, ni puede ser árbitro de que se falte a ella, ni dejarse que a su antojo decrete la pena o la impunidad.

Esto en principio. En la práctica, ¿no se sabe que el perdón del ofendido se logra a veces por medios tan reprobados como la ofensa misma? ¿No se arranca a veces por temor, a la debilidad y a la codicia, o a la miseria, por dinero? Y ¿no hay casos en que el instigador, el cómplice, sería el ofendido que pudiera contribuir al perdón u otorgarle el no se hubiese descubierto la complicidad? Y ¿quién puede suponer que se descubre siempre? ¡En qué laberinto de errores se entra cuando se sale del camino de la justicia, que no debe tener en cuenta más que las circunstancias del hecho y las del agente!

Pero el laberinto parece que se intrinca más cada vez; que se enriquece el diccionario antijurídico, y que, por lo que podría llamarse *barbarie escolástica*, se usan sutilezas y se hacen distingos al combinar el derecho de gracia con la venganza privada. Tenemos, además del perdón de la parte ofendida, el *casi-perdón*, que consiste en el *deseo* de la impunidad del ofensor; gradación muy notable, que forma un plano inclinado por donde el derecho de gracia se resbala y cae en la injusticia y en el ridículo.

La casualidad de escribir estas breves observaciones en el mismo pueblo donde se cometió el delito cuyo indulto vamos examinando, hace que sepamos de él algo más de lo que aparece en la *Gaceta*, y que añadiremos a lo dicho. Además de los CUATRO penados por violación, y cuya pena de diecisiete años y cuatro meses de reclusión fue conmutada por seis meses de prisión correccional, había otro reo del mismo delito, y al que, sin duda en consideración a su poca edad, se impuso una pena menor la de diez años de prisión. Pues bien; indultados los culpables y paseándose, el que lo era menos continuaba en presidio, y hubiera extinguido su larga condena si personas de alguna influencia no se hubiesen interesado por él y conseguido que se le indultara. ¿Se quiere mayor prueba de que el derecho de gracia se mueve arbitrariamente y según otros impulsos que la justicia? Si se anula el fallo del tribunal (que anulación puede llamarse conmutar diecisiete años de prisión por seis meses) para los más culpables, para los hombres de mayor edad, ¿cómo el menor continuó extinguiendo su condena y resultó más penado? Ya lo hemos dicho: porque hubo quien se interesó por los otros, y no por éste. En la práctica, a esto vienen a parar las teorías con que pretende defenderse el derecho de gracia. Tal vez convenga añadir que la violación se verificó de noche, y abriendo por fuerza la puerta de la casa de la mujer atropellada.

12. PARRICIDIO.- La pena de cadena perpetua se conmutó primero en *doce años de reclusión*, de los cuales se rebajan *seis*. La razón para esta gracia es que el agraciado ha dado pruebas *inequívocas* de arrepentimiento. Ya sabemos que ésta es una palabra vacía de sentido, y citamos el caso como muestra de uno frecuente, y es que, de indulto en rebaja y de rebaja en indulto, los reos de delitos gravísimos quedan impunes y disfrutan de una libertad de que tanto han abusado, y de que probablemente volverán a abusar. Cuando no se dispone de un gran favor y se consigue de un golpe convertir en libertad la cadena perpetua (hay casos), se van graduando las gracias de modo que parezca que la justicia se retira honrosamente por escalones y no huye corrida. El primer paso es convertir en temporal la pena perpetua. ¿Qué más da, después de todo (se dice al que hace alguna objeción recordando lo atroz del delito), qué más da la perpetuidad que tantos años? No los vivirá el penado de seguro, y más que abreviar la pena se desea dejar el consuelo de la esperanza. ¡Es tan triste vivir encerrado y con la idea de que sólo la muerte puede abrir la puerta del encierro! Una vez convertida la pena perpetua en temporal, ésta se va disminuyendo; tal vez de un *modo o de otro* se consiga el perdón de la parte ofendida; es probable que no falte el informe favorable del Consejo de Estado (corporación compasiva si las hay), y aun el apoyo de la Sala, y en todo caso, las pruebas de arrepentimiento no han de faltar, y *evidentes e inequívocas*, como puede notarse que son siempre en estos casos, y en virtud de ellas abre la prisión el derecho de gracia.

13. PARRICIDIO.- *Cadena perpetua*, conmutada por *cuatro años de destierro a treinta kilómetros del lugar donde se cometió el delito*. La razón que se da para esta gracia, como para la anterior, son las pruebas de arrepentimiento, aquí *evidentes*, allí *inequívocas*. Ya sabemos lo que esto significa, y hemos citado estos dos casos para que los que no estén enterados de estas cosas vayan sabiendo hasta dónde se puede llevar el desconocimiento o el desprecio de la justicia. Comprendemos que sin

faltar a ella se puede llevar a un parricida a una casa de locos. ¡Pero desterrarle por *cuatro años a treinta kilómetros del lugar* donde cometió su espantoso delito! Y ¿adónde sería bueno llevar a los que tales gracias conceden? No es cosa para resuelta de repente: por de pronto, si en nuestra mano estuviera, no los llevaríamos al Consejo de ministros.

14. EXPENDER BILLETES FALSOS DE LOTERÍA.- *Treinta años de cadena, nueve de presidio mayor.* El penado ha extinguido *veintitrés*, y se le indulta del resto por su conducta ejemplar. No es errata, ni hemos leído mal, porque lo hemos vuelto a leer repetidas veces. Así lo dice la *Gaceta*, y así se ha hecho; por expender billetes falsos de la lotería, *¡¡treinta años de cadena y nueve de presidio mayor!!* ¡Oh! Sí, el delito es enormísimo; el Estado lleva la banca, y no puede consentir que se desacredite su establecimiento y se retraigan los parroquianos. ¿A dónde iríamos a parar si los jugadores temieran que los billetes son *falsos*? ¡Serían capaces de no jugar! Y ¿qué sucedería entonces a la renta de loterías? Bajaría en proporción de la desconfianza. Y ¿cómo se cubriría el déficit que esta baja dejase en el presupuesto? De ningún modo, porque su desnivel es constante y creciente, y lo que hay que evitar a toda costa es que la *renta baje*. Pues a evitarlo. El banquero dispone de las leyes, de los tribunales y de la fuerza pública. Escríbanse y aplíquense penas gravísimas, y venga la justicia, no serena y con balanza, sino frenética, y con un bolsillo vacío que quiere llenar, y descargue como una tempestad sobre los que pudieran impedir que se llene. ¡Los monstruos! ¡Treinta años de cadena y nueve de prisión mayor! ¿Y la moral? ¡Bah! ¡Vayan ustedes a llenar con moral las arcas vacías del Tesoro, ni a contener con ella a un banquero que hace códigos, nombra jueces, levanta prisiones y manda soldados! A un banquero perseguido se le puede hablar de moral; a un banquero perseguidor, de dinero y de fuerza, de fuerza y de dinero y de nada más. No le hablemos, pues; riámonos con él de la moralidad, del decoro y de la justicia, y volviéndonos a los que todavía no se ríen de estas cosas, pero que por inconsecuencia y por error juegan a la lotería, digámosles: ¿Sabéis que sois cómplices de los que condenan a treinta años de cadena y nueve de prisión mayor a los que venden billetes falsos? ¿No lo sabíais? ¡Pues sabedlo!

Y ¿cómo no se ha indultado antes a ese penado, que podía dirigir tan terribles acusaciones a sus acusadores, a ese joven, que debería serlo cuando ha podido vivir tanto tiempo en presidio? ¿Dónde estuvo el derecho de gracia, que ha tardado veintitrés años en abrir las puertas de la prisión al que no debía haber entrado en ella? Este derecho de gracia, supremo regulador que templa la severidad de las leyes y repara los errores de los tribunales, ¿cómo no acudió en tanto tiempo a hacer justicia al mísero expendedor de billetes falsos de la lotería?

¡Ah, señores respetables que componen el Consejo de Estado, el de Ministros y las Salas sentenciadoras! Si es cierto lo que se dice en el Decreto, que ha tenido *una conducta ejemplar* durante veintitrés años en un presidio español, el que fue encerrado en él por expender billetes falsos de la lotería, el *indulto* nos parece muy poco, y lo que procede es la *canonización*. En vez de archivar el expediente remítame vuecencias a Roma, y aseguren, bien pueden asegurarlo, que el interesado ha hecho milagros.

. . . .

Tal es el derecho de gracia, según consta de oficio; tal aparece, *creyéndole por su palabra*. Y si con lo mismo que dice se condena, ¿qué no sucederá con lo que calla? Si en las columnas de la *Gaceta* hemos leído lo que acabamos de ver, ¿qué no veríamos si nos fuera dado seguir cada expediente desde que se empieza a instruir hasta que se resuelve, y ver los resortes que le mueven, los obstáculos que le detienen, y en virtud de qué reglas se confirma la pena y se distribuye la impunidad?

Cualquiera, sin más que apelar a su memoria, puede recordar indultos negados o concedidos, según el valimiento del que ha de ser indultado.

En San Sebastián, un oficial mata con premeditación a una señorita con quien estaba en relaciones porque ella no quiso continuarlas, y no sólo es indultado, sino que se le permite marchar al extranjero.

En la Coruña, un soldado que había tomado su licencia con buena nota, mata en una calle concurrida a una joven con quien vivía porque se había separado de él; en vano se pidió el indulto, y firmaron la petición muchas y respetables personas; el matador va al patíbulo.

No lejos del lugar donde murió, vivía indultado el conocido por el *Hombre-Lobo*, mote con que se ofendía al animal carnicero con quien se le comparaba; el lobo mata para comer, y él mataba por robar a sus víctimas, traidoramente llevadas adonde nadie pudiese ampararlas ni oír sus ayes postreros. Si no recordamos mal, inmoló hasta siete. En presidio continuaba satisfaciendo su codiciosa pasión; prestaba con interés usurario, hacía un pequeño comercio, y por la dichosa armonía del derecho de gracia y de la organización de nuestras prisiones, según todas las apariencias, lo pasaba bastante bien.

Un carabinero, en Trujillo, mata a la mujer a quien amaba, de quien con razón se creía amado, y a la que encuentra en amoroso coloquio con otro hombre. Huye, se oculta, no es descubierto; probablemente hubiera podido evitar la acción de la justicia, pero se presenta a ella torturado por el dolor y el arrepentimiento. Allí sí había arrepentimiento verdadero. Dios le habrá visto, sin duda; el Sr. Ministro de Gracia y Justicia, que ve en los expedientes tantos arrepentimientos imaginarios, no le vio en aquel corazón contrito, que pedía como un consuelo la pena, y que fue consolado… ¡por el verdugo!…

▽△

3

Capítulo III: Resumen y conclusión

Capítulo III

Resumen y conclusión

Hemos procurado probar, y, a nuestro parecer, probado, que el derecho de gracia, apoyándose en errores, es un elemento de injusticia.

Que, como hecho histórico, es un anacronismo, y carece de los motivos que, aun cuando no le justifican, lo explicaban en otro tiempo;

Que, lejos de contribuir al prestigio del poder que le ejerce, puede comprometerle, y realmente le compromete, porque le exige el buen uso de una cosa que en sí no es buena, y le hace incurrir en una responsabilidad abrumadora, como todas las que suponen medios, que no existen, de salvarla;

Que las leyes crueles deben abolirse, no paliarse con la facultad de aplicarlas o suspenderlas, porque la ciega arbitrariedad no puede ser medio de realizar la justicia;

Que las circunstancias personales deben tenerse en cuenta para el fallo, y no pueden saberse para el indulto sino acudiendo a los jueces cuya sentencia se anula o modifica; de modo que el fundamento del derecho de gracia es la ficción de que quien le ejerce conoce mejor al reo que los encargados de administrar justicia, quedando ésta muy lastimada por una institución que une el poder irresponsable a la suma ignorancia invencible;

Que, cuando quiera que se reconozca la injusticia de un fallo, ha de impedirse su cumplimiento, no por medio de la concesión de una gracia, sino administrando justicia, según reglas que deben estar marcadas para este caso;

Que los indultos respecto a los delitos políticos no tienen carácter jurídico alguno; son medidas políticas más o menos acertadas, procederes más o menos humanos del vencedor respecto del vencido;

Que la abreviación de las penas para recompensar la buena conducta de los penados y estimularlos a tenerla debe formar parte del sistema penal, que, en armonía con el penitenciario, procuran realizar la justicia, a que se falta aplicando gracia por quien no puede saber quién la merece: las rebajas *merecidas*, es posible que sean justas y útiles; las *concedidas* son injustas y perjudiciales; si el poder ejecutivo no puede intervenir en la imposición de la pena, tampoco en el modo y tiempo de sufrirla; todo debe estar igualmente ordenado por la ley, que tiene reglas para *los diferentes casos*, pero no admite *excepciones*;

Que la *defensa* de la sociedad por leyes cuya severidad templa el derecho de gracia es, como seguridad, ilusoria, y positiva como atentado contra la justicia, que en vez de principios ciertos tiene para guiarse cálculos erróneos o supuestas conveniencias y necesidades; se posponen derechos sagrados, se mira menos *quién* ha cometido el delito y *cómo*, que *dónde* y *cuándo*; se atiende más a las circunstancias de la sociedad que a las del delincuente; se sacan consecuencias absolutamente opuestas a la verdad, como que *el mayor número de delitos es razón para aumentar la severidad de las penas*, y, en fin, se sustituye el egoísmo medroso a la equidad serena.

Y que al fin y al principio, y siempre, se suponen en el que ejerce el derecho de gracia medios de realizar la justicia, que no tiene, que no puede tener. Sería necesario que leyera en los corazones; que supiera las circunstancias todas ignoradas por los jueces y los encargados de hacer que se cumpla la pena; que fuera un poder sobrenatural, objeto de un milagro permanente, para aplicar la pena a medida de la culpa, distribuyendo castigo e impunidad como quien no puede equivocarse. Siendo todo esto imposible, el derecho de gracia parte de un error, descansa en una ficción, y a merced de errores, de pasiones, de cálculos y de codicias, da indefectiblemente por resultado el hecho de injusticia.

Este hecho aparece claro, palpable: consta oficialmente de la *Gaceta*; y aunque se prescinda de los móviles y medios, para no atender sino a los resultados; aunque no se examine la tortuosa marcha de los expedientes, basta analizar los decretos de indulto para convencerse de que están inspirados por la arbitrariedad más deplorable, por el más completo desconocimiento del derecho.

¿Qué hemos visto en el breve examen de las gracias concedidas en el año de 1877? Muchas leyes injustas: tribunales en que existe el fatal error de que el juez y el hombre pueden ser dos cosas diferentes, y que es dado condenar en virtud de la ley al que la conciencia absuelve, como lo prueba el hecho repetido de informar bien para la concesión de la gracia, y hasta de opinar por la impunidad completa en favor de reos a quienes se habían impuesto penas gravísimas. Hemos visto motivos de indultar que no pueden tomarse como razones; el arrepentimiento, cosa muy excepcional, tomado como regla; afirmada la buena conducta de los indultados, cuando es imposible de saber en el estado de nuestros presidios; consumir la vida en la prisión reos de delitos relativamente leves, y salir libres los perpetradores de crímenes horrendos. Al contemplar semejante espectáculo, la conciencia ha protestado contra tantas injusticias y el corazón ha gemido a la vista de tantos dolores.

Si en teoría no puede suplirse con nada la ley justa y equitativamente aplicada, en la práctica hemos visto algo, aunque poco, de lo que, significa este suplemento, y veríamos mucho más si con los datos que nos faltan escribiéramos volúmenes, que bien podrían escribirse, de las injusticias del derecho de gracia. Los que fiados en él no creen urgente la modificación de leyes injustas están en un error lamentable, porque ni tiene medios de realizar la justicia, ni obra *espontáneamente* en virtud de la fuerza interna que necesita todo poder, si ha de cumplir el fin para que fue establecido, sino que necesita estímulos oficiosos, causas determinantes exteriores. Cuando éstas llegan a despertar al omnipotente dormido, tal vez extienda la mano protectora; si no, la víctima cae.

El pueblo, que ve tranquilo la injusticia de los Códigos porque fía en las compensaciones de la arbitrariedad, se parece a los viajeros que se duermen bajo los árboles cuya sombra mata. Es subversivo de toda idea de justicia el que haya poder alguno superior a la ley, a aquella regla siempre la misma e igual para todos los que se hallan en iguales circunstancias; y como al cabo la *idea* que se tiene de la justicia viene a ser su norma, el derecho de gracia llega a ser una concausa permanente de extravío en materia jurídica.

Supongamos el caso más favorable, aquel en que un fallo injusto no se ejecuta y en que el condenado recibe gracia. ¿Queda por eso satisfecha la justicia? Muy lejos de eso, aparece hollada. En la hora en que escribimos estas líneas, hay en Santander un soldado *condenado a muerte porque robó a un cabo setenta y cinco pesetas, que devolvió espontáneamente.* La conciencia pública parece que se ha sublevado contra la iniquidad de semejante sentencia; se han hecho varias gestiones; se ha telegrafiado al Presidente del Consejo de ministros; suponemos que el fallo no se ejecutará; pero ¿quién evita al infeliz preso la horrible impresión de oír su sentencia de muerte? ¿Quién le evita la agonía de angustiosa duda entre el temor de que le maten y la esperanza de vivir? ¿Quién, si no es muy fuerte, lo devolverá la salud, acaso alterada para siempre con tales sacudimientos? ¿Quién rectificará esa conciencia que corre peligro de torcerse en el que no puede menos de ver en el fallo de la ley un hecho de fuerza, y en la sociedad un poder violento que abruma a los débiles y se detiene ante los poderosos?

¿Por ventura vivimos en una sociedad de costumbres tan austeras que el apropiarse lo ajeno sea un hecho rarísimo y tan abominado, que la repugnancia y el horror que inspira ciegue hasta el punto de no permitir que se vea clara la justicia? No: el soldado condenado a muerte por haber robado setenta y cinco pesetas, que devolvió espontáneamente, ha oído, como oímos, que en España roban, si no todos, muchos, muchísimos de los que tienen ocasión de robar, y roban, por regla general, impunemente; ha oído, de pequeños, medianos y grandes, que improvisan fortunas apropiándose lo que no es suyo con viles manejos, y a veces terribles consecuencias; ha oído que gastan en un mes el haber de un año, y todavía hacen economías los que no tienen otra fortuna que su sueldo o asignación; ha oído que, si se obligara a justificar su riqueza a los ricos improvisados, raro sería el que podría hacer esta justificación, y muchos los que tendrían que apearse en la cárcel del coche lujoso y tal vez blasonado; ha oído que hay riquezas que cuestan la vida al enfermo en el hospital, al combatiente en campaña, ha oído que se hacen fortunas vendiendo la explotación de los vicios y la impunidad de los crímenes. Todo esto ha oído el mísero reo de muerte por robo de setenta y cinco pesetas, como lo oímos todos, y lo ha creído al ver cómo se improvisan las fortunas y cómo se pisan impunemente las leyes. Y oyendo, y creyendo, y sabiendo todo esto, ¿qué tempestades de indignación y de cólera no deben estallar en aquella alma herida por tamaña iniquidad? ¿No es de temer un trastorno de todas las ideas de justicia, una perversión de la conciencia, un caos moral en un joven de poca instrucción que compara la barbarie inicua de que es víctima, y la tolerante complacencia que se tiene con los que son mil veces más culpables que él? El indulto podrá salvarle la vida, pero la virtud difícilmente. Recordamos un presidiario fusilado en Ceuta después de haber cometido varios homicidios, cuya criminal carrera empezó siendo soldado por una condena capital injustísima y un indulto. ¿Quién sería el verdadero responsable de la inocente sangre que vertió y de su vida criminal? Sólo Dios lo sabe; pero no quisiéramos, por nada en el mundo ni fuera de él, ser de los jueces que le condenaron, ni de los legisladores que no anulan las leyes en virtud de las cuales fue condenado.

Así, pues, aun en los pocos casos en que el indulto parece bien venido, viene en mal hora, porque, adormeciendo o engañando el sentimiento de la justicia, está muy lejos de realizarla; si por acaso salva una vida material, deja que la moral se pierda; y si ha de llevar a presidio, donde la virtud perece; si después de una vida desdichada y culpable, y de muchos crímenes, llega al fin la muerte violenta o ignominiosa, más valiera que el indulto no hubiera salvado aquella cabeza, que no perdonó sino para que cayera más culpable.

El derecho de gracia favorece a los que había de abandonar, abandona a los que debía favorecer, y su auxilio es insuficiente en los pocos casos en que parece oportuno. Si se ejerce sin equidad, que es la regla, constituye una injusticia más; revela la de la ley si está bien aplicado, y en cualquiera circunstancia es señal cierta de la necesidad de reformar las leyes, porque se ve claramente que se sustenta, respira, vive de errores y de injusticias.

El pedir la supresión del derecho de gracia parece una demanda cruel; nosotros mismos nos estremecemos al formularla; pero si la mano tiembla y el corazón palpita, la razón ve claramente que es justa, humana, piadosa la reforma que quisiéramos ver realizada. Sin la idea del indulto, que tantas veces que debía llegar no llega, que tantas otras llega en vano para salvar la vida moral y aun la material del agraciado; sin la idea del indulto, por duros e ignorantes que fuesen los tribunales, en especial los militares, no se atreverían a dictar ciertos fallos, y se vería con evidencia que era preciso modificar las leyes, y las leyes se modificarían. Si no se hace en ellas la indispensable reforma, no hay duda de que en gran parte depende del derecho de gracia; suprimase, y el juez y el vocal del Consejo de guerra, sabiendo que su sentencia es irrevocable, se mirarán más al darla. Hoy, según la conciencia y la sensibilidad de los que juzgan, se falla esperando el indulto, o prescindiendo de él, o aplicando la ley por cruel que sea, o temiendo que se cumpla, o buscando subterfugios y circunstancias atenuantes que no existen, o, en fin, autorizando la impunidad completa, al ver que no hay medio entre ella y una pena injustísima y cruel. Esta variedad de miras y de procedimientos; esta arbitrariedad que se practica fiándose o desconfiando de otra más poderosa; estas oscilaciones entro sufrir una pena inmerecida y evadirse de la que se merece, ¿pueden considerarse como el estado normal y satisfactorio de un pueblo que comprende y practica el derecho, o como la situación del que vive de errores, de expedientes, de rutinas, de temores pueriles y de confianzas peligrosas, prefiriendo al freno de la regla el yugo de omnipotencias que no son infalibles?

Parece claro que la situación que revelan los decretos de indulto y los fallos de los tribunales, en especial de los militares, no puede aceptarse como definitiva, ni dejar de desearse que cambie cuanto antes; parece claro que han de ser frecuentes los conflictos en la conciencia de los jueces que no la tengan extraviada o la sofoquen, y que, cuando estos conflictos se repiten, prueba es de la necesidad de reformar los Códigos; parece claro, en fin, que, en el mar revuelto de una legislación injusta y dura, el derecho de gracia, especie de salvavidas podrido, se ya a pique, no sólo con los náufragos que parecía salvar, sino con los tripulantes que fueron a prestarles auxilio.

www.ingramcontent.com/pod-product-compliance
Lightning Source LLC
Chambersburg PA
CBHW071823200526
45169CB00018B/886